谨以此书

献给我们敬爱的慎之所长

壹嘉个人史系列

李慎之与美国所

李慎之
资中筠
王缉思
茅于轼
任东来
等
著

壹嘉出版 · 旧金山 · 2020

李慎之与美国所

作　　者 / 李慎之、资中筠、王缉思、茅于轼、任东来
出 品 人 / 刘　雁
出　　版 / 壹嘉出版（San Francisco, USA）
　　　　　网址：http://1plusbooks.com
　　　　　Email：1plus@1plusbooks.com
印制销售 / 秀威资讯科技股份有限公司
　　　　　114 台北市内湖区瑞光路 76 巷 69 号 2 楼
　　　　　电话：+886-2-2796-3638
　　　　　传真：+886-2-2796-1377
网络订购 / 秀威书店：http:/store.showwe.tw
　　　　　博客来网络书店：http://www.books.com.tw
　　　　　三民网络书店：http://www.m.sanmin.com.tw
　　　　　读册生活：http://www.taaze.tw

出版日期 / 2020 年 10 月
ＰＯＤ版 / 2024 年 6 月　一版
ＩＳＢＮ / 978-1-949736-20-5
定　　价 / NT 620 元

慎之所长，八十年代，是您把我们带进您亲手创建的美国研究所。我们都曾为您的渊博学识所折服，我们都曾为您的敏捷思想、独特见地所震憾。您身上集中了五四以来中国知识分子的美德，您先天下之忧而忧，后天下之乐而乐；您关心世事，不随波逐流；您学以致用，不趋炎附势。直到晚年，您都从来没有停止过对历史的反思，从来没有忘记过国家的前途。您一生坚持不懈地关注着中国与世界的命运，坚持自己对中国和国际事务的独立见解，您帮助发展了中美关系，推动了中国在各方面与世界的接轨。

　　2003年您走了，所长。您之后的中国，又少了一个最肯深思、最有洞察力的真正的知识分子。我们知道您不能再参加我们的聚会与庆典了；我们知道，我们将不再收到您寄来的文字和信件了，我们将不再听到您的声音了，我们将不再看到您侃侃而谈、神采奕奕的形象了。但是，所长，您在遍布天下的学子心中，永久地竖立起了一个真正的知识分子的榜样，我们不会辜负您的期望，我们将像您那样，态度鲜明地面对人生的每一个挑战，走自己的路，做一个肯深思、有作为的关注人类命运的知识分子。

　　芳菲菲而难亏兮，芬至今犹未沬。再过三年，就是您诞辰100周年，您的美国所部下谨以此书敬献给您，我们敬爱的慎之所长。所长有灵，当含笑于九泉之下。

李慎之

朱厚泽摄于 2003 年 1 月 25 日。朱厚泽曾任中共中央宣传部部长，中央委员

李慎之，曾任中国社会科学院副院长、中华美国学会会长。1923年8月15日出生于江苏无锡。1945年毕业于燕京大学经济系。1946年11月至1952年，任延安、北京新华通讯社国际部编辑。1952年初至1958年初，任新华通讯社国际部副主任。1952年至1953年3月，作为中国政府代表团成员赴东欧六国考察文化教育事业。1953年，任朝鲜板门店朝鲜、中国和美国政府级停战谈判代表顾问。1954年和1955年，相继任中国出席日内瓦会议和亚非万隆会议代表团团长周恩来的顾问。1957年底被划为右派，到1979年得以纠正。

　　1979年2月，任邓小平赴美访问时的顾问。1981年到1988年，任中国社会科学院美国研究所所长，1985年起任中国社会科学院副院长。1984年1月，任赵紫阳访美时的特别助理。1988年3月起任第七届全国人民代表大会代表，第七届全国人民代表大会常务委员会委员。1988年到1999年11月历任中华美国学会前四届会长。

　　1996年离休。2003年4月22日逝世。

美国所1984年全所在所人员合影

前排左起：
浦宁、贾蔼美、张致平，侯玲、李萍、邓文彬、高振亚、
段牧云、田隆德、邓林
第二排左起：　张也白、孙暄、蒋正豪、黄麒、王奔、李慎之、吴展、
李寿祺、张静怡、　李道暌、万青、王大新
第三排左起：　温洋、李晖、赵归、吴建军、董国威、朱传一、
林晓云、刘天舒、曹德谦
最后一排左起：高英东、田生源、朱宏前、韦聪、王其锋

1984年1月初，李慎之（左）陪同赵紫阳总理（中）出访美国前的合影

李慎之在1988年12月中美建交十周年学术讨论会开幕致辞
左起资中筠、李慎之、洛德(美国驻华大使)、章文晋（外交部副部长、前驻美大使）

李慎之在中美建交十周年学术讨论会上发言，旁为章文晋

李慎之与时任美国驻华大使洛德在会标前

李慎之在1988年12月中美建交十周年学术讨论会上与众大使欢聚一堂
左起：柴泽民，朱启祯，章文晋，周培源，黄镇，李慎之，洛德夫妇

李慎之在1988年12月主持中美建交 十周年学术讨论会

李慎之在1988年12月中华美国学会成立大会上与众贵宾欢聚一堂

1993年7月5日，李慎之访美期间在DC住所与美国所年轻人团聚时的合影

前排左起：刘洁、师枫燕、刘翠青、朱宏前儿子、李慎之、李慎之孙子、
胡亚非、Jim Hammond（胡亚非丈夫）

后排左起：王大新、张毅、朱宏前、林晓云、任越、赵归、
温洋、肖炼、朱宏前夫人、胡砚

1993年7月5日，李慎之访美期间在DC住所与美国所年轻人团聚时，与哈蒙德先生(Jim Hammond)交谈，哈蒙德是美国所研究人员胡亚非（雅非）的丈夫

1993年7月5日，李慎之访美期间在DC住所与美国所年轻人团聚时，
每人都为李慎之签名留言

李慎之与美国所人员在美国所聚餐

李慎之与老友在一年一度的春节相见欢聚会上
右起：李伊白 宋以敏 资中筠 陈乐民 何方 李慎之 王苗 何康 都隽民 何迪 黄迪 张毅 张烨

目　录

I　编者按

III　风雨苍黄五十年——国庆夜独语　　　　　　　　　　李慎之

1　但开风气不为师 —— 代序　　　　　　　　　　　　　资中筠

7　宏毅之士，任重道远　　　　　　　　　　　　　　　资中筠

13　把国际政治当作一门学问　　　　　　　　　　　　　王缉思

17　悼念李慎之——改变我命运的人　　　　　　　　　　茅于轼

22　陈独秀—李慎之—林语堂　　　　　　　　　　　　　曹德谦

31　在改革开放过程中认知美国
　　　——怀念美国研究所前所长李慎之　　　　　　　　朱传一

39　忧国忧民的中国知识分子—— 李慎之　　　　　　　　姚　琮

44　我心目中的慎之先生　　　　　　　　　　　　　　　张也白

48　初创回忆　　　　　　　　　　　　　　　　　　　　霍世亮

53　历经坎坷，仍坚持理想的人 —— 李慎之所长　　　　贾蔼美

56　时代变了——忆李慎之　　　　　　　　　　　　　　万　青

70　迟来的追思——纪念李慎之逝世十周年　　　　　　　何　迪

81　哭老李　　　　　　　　　　　　　　　　　　　　　张　毅

89　李慎之，我永远佩念的人　　　　　　　　　　　　　王　奔

95　点点滴滴，长留心头　　　　　　　　　　　　　　　王　奔

103　一个具有世界眼光的爱国者 —— 追记李慎之先生　　任东来

114　怀念李慎之先生　　　　　　　　　　　　　　　　林晓云

116　飘然思不群 —— 回忆李慎之先生　　　　　　　　邓　方

126　学无止境，始于足下

　　　—— 回忆李慎之关于青年学子治学见解点滴　　王大新

133　难以忘却的回忆：纪念慎之老师　　　　　　　　任　越

136　细节中的教诲——怀念李慎之老师　　　　　　　赵　梅

144　老李治学——慎之又慎　　　　　　　　　　　　李小兵

152　他总有新的思想火花　　　　　　　　　　　　　温　洋

156　久违了，老李　　　　　　　　　　　　　　　　赵　归

160　关注人类命运的知识分子　　　　　　　　　　　赵　归

167　追念慎公　　　　　　　　　　　　　　　　　　高文谦

173　要研究美国文化：李叔叔的远见卓识

　　　—— 纪念李慎之去世10周年　　　　　　　　　张小彦

176　追忆李慎之先生　　　　　　　　　　　　　　　雅　非

182　李慎之致哈蒙德先生　　　　　　　　　　　　　李慎之

186【附录一：李慎之与美国所大事记 1980 —2003年】

194【附录二：美国所最早一批人员编制】

195【附录三：中华美国学会第一届会长、秘书长、理事名单】

198【附录四：美国所"年轻人"在李慎之遗体告别仪式上的悼词】

　　　　　　　　　　　　　　　　　　　　　——美国所"年轻人"

编者按

　　慎之所长2003年4月22日去了！噩耗传出，在中国社科院美国研究所同仁中引起了极大的震惊、惋惜和悲痛。很难找到一个词，来准确表达遍布海内外的我们对慎之所长去世的感受。悲痛，缺乏深刻；震惊，不够全面；哀伤，略嫌肤浅。正是"万感填胸艰一字"，当时的感情绝非文字所能表达。李慎之的女儿曾在电话里对我们说："我父亲待你们就像自己的孩子一样，跟你们说的话，比跟我们说的都多。"

　　慎之所长去世后，他的美国所前部下胡亚非率先创建了一个网站，她以笔名雅非为网站的责任编辑，负责收集、汇总、编辑美国所回忆慎之所长的文章。世事难料，胡亚非英年早逝；美国所的其他"年轻人"继承了她的遗志，继续这项工作，并决定将已完成的二十多篇文章汇集成册，出版《李慎之与美国所》。十七年来，水远山遥，路途艰辛，但从未有人轻言放弃，因为回顾、学习、传播李慎之的思想，是对他最好的纪念。

　　感谢美国壹嘉出版社大力协助，及精心策划和审阅，使《李慎之与美国所》得以及时出版，以纪念即将到来的李慎之诞辰100周年。

风雨苍黄五十年——国庆夜独语

李慎之

　　一样是雄壮威武的阅兵，一样是欢呼万岁的群众，一样是高歌酣舞的文工团员，一样是声震大地的礼炮，一样是五彩缤纷的焰火……一切都那么相似，唯一的差别是五十年前我是在观礼台上亲眼目睹，而五十年后我已只能从电视机的屏幕上感受盛况。我已经是年近大耄的老人而且身有废疾，虽说还能站能走，但是要走那么长的路，站那么长的时间去观礼，已经是无能为力了。

　　最大的不同是心情，是脑子里的思想，跟五十年前比，可以说是完全不一样了。

　　一九四九年我是二十六岁，九月三十日下午临时受命去迎接据说是斯大林亲自派来祝贺中华人民共和国成立大典的、以法捷耶夫为首的苏联文化代表团（那是当时唯一从外国来的贺客）。在天津迎到了贵宾，住了一夜，十月一日上午才乘专车到北京，在前门车站迎接的居然有刘少奇、周恩来、宋庆龄这样一些中国最高级的领导人。到贵宾下榻的北京饭店参加完欢迎的宴会以后，我本来应该回机关了，不料已经戒严，只得随代表团到天安门观礼。代表团的团长好像是上城楼了。其余的人就由我们陪着在临时搭的西观礼台就坐。这样就从下午三点钟一直呆到晚上十点钟。虽然几乎长达一整天，却是并无丝毫倦意，整整七个小时都是在极端兴奋中度过的。我从来也没有见过这样的阅兵式，也没有见过这样的礼花，这样几十万热情的人群，我至今还清楚地记得毛主席宣布"中华人民共和国中央人民政府成立了"的声音，甚至他宣读的中央人民政府委员名单中若干委员的名字的声音。躬逢盛典，岂可无诗！我不断回忆从延安走到北京一路的经历，回忆自小从启蒙到觉悟到参加革命的一切。我竭力想把当时的种种感受用诗的语言表达出来。我也想起不久前政协会议通过的人民英雄纪念碑的铭文"……由此上溯到一千八百四十年以来……的人民英雄永垂不朽"而热泪盈眶。想到毛主席十一天以前在政协开幕辞里讲的"中国人民从此站立起来了"这句话，惊叹他说话总是那么简洁，那么有力，那么响亮。但是，想来想去竟是"万感填胸艰一字"，只能自己在脑子里不断重复"今天的感情决不是用文字所能表达的"这样一句话。这种感情，到九点多钟广场上从匈牙利参加国际青年联欢节回来的中国青年代表团带领着北京各大学学生涌向金水桥，向天安门城楼上高呼"毛主席万岁，万岁万岁万万岁"的时候达到顶点。

我曾经长期感到不能理解"毛主席万岁"这样的口号，但是这个时候我似乎理解了、接受了，我自己也想跟着喊了。

我自以为决然无法用文字表达的感情结果还是有人表达出来了，他就是胡风。"十一"以后大约一个多月，《人民日报》就连续几期以整版的篇幅发表了他歌颂人民共和国的长诗，虽然我已完全记不得它的内容，但是却清楚地记得它的题目：《时间开始了》，甚至记得这五个字的毛笔字的模样。

时间开始了！我怎么就想不出这样的文字来呢？时间开始了！我完全了解胡风的思想和心理。决不止胡风和我两个人，我肯定那天在天安门广场的每一个人都是人同此心，心同此理：中国从此彻底告别过去，告别半殖民地与半封建的旧社会，告别落后、贫穷、愚昧……而走上了一条全新的路——自由、平等、博爱的路，新民主主义的路，而后面还有更神圣的事业呢，我们要建设社会主义，以后还要建设毛主席说的"无比美妙的共产主义"。世界上只有苏联现在走在这条道路上，我们有苏联作样板，我们有毛主席的领导，我们一定可以不久就赶上苏联，与它并驾齐驱，然后再把全世界——什么美国、欧洲、印度、非洲……都带上由社会主义而共产主义的光明大道上去。

时间开始了！我历来是不怎么赞赏胡风的才气的，但是这一句真是神来之笔，怎么偏偏是他能想得出这样的绝妙好词来！

我绝对想象不到，而且可以肯定胡风也绝对想象不到的是，不到六年以后，他竟被毛主席御笔钦点为"国民党反革命小集团"的头子，从此银铛入狱，沉冤莫白者垂四分之一世纪。一直到一九八八年，也就是胡风去世三年之后，这个案子才得到最后的昭雪平反。

我当时绝对想象不到的还有，八年以后，从来没有成分问题，也与历史问题无缘，而且一贯被评为"模范"的我自己，竟被毛主席亲自发动的反右派运动定为"资产阶级右派分子"。而"右派分子"照毛主席的说法，"实际上就是反革命分子"，称右派分子不过稍示客气而已。

"革命吃掉自己的儿女"这条残酷的真理居然应验到了我身上！然而这还仅仅是开始。

除了一九四九年的开国大典外，给我印象最深的是一九八九年的国庆。十年大庆，二十年大庆，我都在劳改中。三十年大庆，我记得没有举行。一九八九年的"十一"是四十周年大庆，那时距"六四"不过四个月，五月十九日下的戒严令还没有解除。北京的外国人几乎走光了。旅馆的空房率在百分之八九十以上。国庆那天白天是不敢有什么活动了，晚上则我以犯严重错误之身还有幸应邀参加在天安门举行的联欢晚会。凡出席的人都先要到机关集中，然后再坐小巴去会场，一路上要穿过许多大街小巷。我已久不出门，那天晚上才发现北京竟成了一座鬼城，不但灯火黯然，而且行人绝迹。每隔几十米就有一小堆六七个人坐着打扑克。人家告诉我，这都是"公安"的便衣。只有进入劳动人民文化宫转到天安门广场，才能看到耀眼的灯光和盛装的男男女女。在观礼台上倒是见到了许多老同志、老战友，大家也没有多少话可说，只是默默地观赏烟火，广场上的歌舞实际上是看不清的。四十年来，真是风狂雨暴、苍黄反复，不知有几个人曾经预见到。

现在是又十年过去了。国家似乎又繁荣起来了。为准备这次大庆，据说就花掉了上千亿的钱，一切的一切都是踵事增华。希特勒死了，斯大林也死了，世界上追求这种壮观的场面的国家应该是不多了。以我之陋，猜想也许只有金正日领导下的朝鲜才有这样的劲头。但是它国小民穷，因此这两天报上登的外国反应大概是可信的，那就是"国庆盛典、世界第一"。

观看庆典的群众肯定是高兴的，这样的大场面，人生哪得几回逢？就是练队练了几个月，到正日子还要从凌晨站起一直站到中午的学生也一定是高兴的，小孩子、青年人最可贵的就是永远不败的兴头，不管多苦、多累、等得多久、多单调，只要一踏上天安门，就是一辈子的幸福了。庆典的标语和彩车所展示的，电视上与报纸上所宣扬的，这五十年都是从胜利走向胜利，整个历史是伟大、光荣、正确的历史。

许多最重要的事情都被掩盖了，埋藏了。

五十年前，为了向天下宣告新中国建立后的大政方针，毛泽东写了著名的《论人民民主专政》。其中很重要的一段说："'你们独裁'。可爱的先生们，你们说对了，我们正是这样。"最初读到的时候，心头不免一震。但是马上就想，这不过是毛主席他老人家以其特有的宏大气魄表达马克思主义的一条原理而已。直到一九五六年苏共二十大以后，我才看到意大利社会党总书记南尼提出的公式："一个阶级的专政必然导致一党专政，而一党专政必然导致个人专政（独裁）。"后若干年，再回想在西柏坡的时候，听到传达毛主席的指示"要敢于胜利"，"要打到北平去，打扫龙庭坐天下"；又再过若干年，听到毛主席说"我就是马克思加秦始皇"。这才憬悟到，其中有一个贯通的东西，有一个规律，那就是阿克顿勋爵所说的"权力使人腐败，而绝对的权力绝对地使人腐败"。而那是我在开国的时候不但理解不了，而且想象不到的。

在《论人民民主专政》明确宣告不能"施仁政"，而要"即以其人之道还治其人之身"以后，政治运动一个接一个：土改、镇反、三反、五反、肃反……几乎没有间歇过。这些，按马列主义理论来讲，还算是针对阶级敌人的，是未完成的革命的继续。但是一九五五年四月的潘汉年案和五月的胡风案（还不提至今没见人说得清楚的同年三月的高饶案）就已经反到自己的营垒里来了。偏偏就在一九五六年上半年发生了苏共二十大赫鲁晓夫揭发斯大林的事件，随之发生了柏林事件、波兹南事件，冲击波扩大，在下半年又发生了波兰、匈牙利的"反革命事件"。毛泽东觉得大势不好，又运筹帷幄，定计设局，"引蛇出洞"，在一九五七年二月刚刚公开宣布"急风暴雨式的阶级斗争基本结束"，今后必须"正确处理人民内部矛盾"，不料在六月份就发动了反右派运动，无端端地打从人民内部"挖"出了五十五万犯有"反党反社会主义"罪行的右派分子。然后，乘反右胜利的东风又在一九五八年发动了超英赶美的大跃进运动与提前进入共产主义的人民公社运动，三年之内饿死了几千万人，为大炼钢铁而剃光了不知多少个山头。中间又为给大跃进鼓劲而在一九五九年发动了"反右倾运动"，反到了开国元勋、建军元戎张闻天、彭德怀这样的人头上。以后又因为伤害的人实在太多，经济实在太困难，刘少奇、周恩来等人不得不出来为毛打圆场，弥补一下错误，搞了一个三年调整时期，元气才稍有恢复。偏偏毛又怕把柄被人抓住而倒打一耙，从一九六六年开始了史无前例的、大革一切文化之命的"文化大革命"，时间长达十年，当时八亿人口中受牵累而遭殃者竟上了亿。斗争的矛头愈来愈转向内部，从刘少奇直到林彪，最后，刀锋甚至直逼现在已被某些人讥为"愚忠"的周恩来的头上，只是因为周毛先后谢世，斗争才没有来得及展开。

因此到一九七六年为止，共和国几近三十年的历史都可以说是腥风血雨的历史。毛主席一生的转折点就是胜利，就是建国，就是作为新中国的建国大纲和建国方略的《论人民民主专政》。从一九四○年开始就宣传了十年的"新民主主义"从来就没有实行过，毛主席后来说社会主义从建国就开始了。当然，物质建设总是有进步的，几千年前埃及的法老还造了金字塔，秦始皇还筑了万里长城呢，何况人类的技术发展已到了二十世纪，中国的现代化也已经搞了一百多年。

由一九七九年开始的邓小平时代靠着前三十年在毛泽东的高压统治下积聚起来的反弹力总算把这种高压冲开了一个缺口，冤假错案平反了，经济活跃了，生活提高了，私人言论也确实自由了许多……但是每一个有公民权利觉悟的人，只能认为体制实质上并没有变化，意识形态并没有变化：还是毛的体制，还是毛的意识形态。中国人在被"解放"几十年以后不但历史上传统的精神奴役的创伤远未治愈，而且继续处在被奴役的状态中。

邓小平冲破毛独裁而确立的改革开放路线确实立下了历史性的功绩，然而他在十年前调动部队镇压学生却是无可饶恕的罪过。我还记得"六四"刚过，四十年来一直是中国的老朋友的（日本）井上靖发来电报说："镇压自己的人民的政府是不能称为人民政府的；开枪射杀赤手空拳的学生的军队是不能称为人民军队的。"

遍及世界的谴责者还不能理解中国人民更深沉的痛苦："六四"的坦克不但射杀了说不清有多少老百姓的生命，同时还压杀了刚刚开始破土而出的中国人民民主觉悟的嫩芽，历来有"以天下为己任"的传统的中国知识分子从此几乎销声匿迹了。

在改革开放之初，邓小平曾表示过要改革政治体制的意图，也提出过一些很好的意见。但是"六四"以后，政治体制改革就完全停摆了。当局虽然有时也还说几句政治改革的话，如要实行"法治"之类，但是既然领导一切的党可以高踞于法律之上，司法又根本不能独立，这样的话也就无非是骗骗人的空话而已。这就是为什么邓小平在一九九二年提出"社会主义也可以搞市场经济"以后，经济改革虽然大大红火了一阵又归了踌躇不前的原因，更是民气消沉、人心萎靡的原因。

反思"文化大革命"，由此上溯再反思三十年的极权专制，本来是中国脱胎换骨，弃旧图新的最重要的契机，也是权力者重建自己的统治的合法性（或曰正当性）的唯一基础，可是在"六四"以后，竟然中断了这一历史进程。十年来当然也出版了不少有关反右、反右倾、"文化大革命"……的书，然而大多成了遗闻轶事，缺乏理论的深度，谈不上全民的反省，更谈不上全民的启蒙。

难道是中国无人吗？不见得。这主要是领导人禁止人们知道，禁止人们思考造成的。当局一不开放档案，二不许进行研究。它的代价是全民失去记忆，全民失去理性思考的能力。在我们这一代是昨天的事，在今天的青年已懵然不晓，视为天方夜谭。掩盖历史，伪造历史，随着这次五十周年大庆的到来而登峰造极。五十年间民族的大灾难、大耻辱统统不见了。这些大灾难、大耻辱的罪魁祸首明明是毛泽东，但是一切罪过却都轻轻地推到林彪和四人帮头上，江青在法庭上明明直认不讳她自己"是毛主席的一条狗"，几十年间月月讲，天天读的都是毛主席的书、毛主席的指示，现在要把他一床锦被遮过，遮得了吗？别忘了："莫为无人轻一物，他时须虑石能言。"

积重难返，二十年前要纠正毛泽东的错误是何等困难？然而在这方面出过大力，立过大功，而且按照中国宪法曾担任过中国最高领导人的胡耀邦、赵紫阳，连名字都在五十年的历史上不见了，甚至当过两年"英明领袖"的华国锋也不见了。历史剩下的只有谎言。然而，据说我们一切的一切都要遵从的原则是"实事求是"。

我们的导师恩格斯说："一个民族想要登上科学的高峰……是一天也不能离开理论的研究的"，而我们居然生活在谎言中。没有理论的指导，我们又怎么能进行改革呢？

日本人对中国发动了那么残酷的战争，犯了那么大的罪，然而拒不忏悔，还要赖帐，装得没事人一样，它理所当然地受到了中国人的谴责。照说中国人对自己折腾自己的错误应该更加自知忏悔了，却并不。难道东亚民族都没有忏悔的传统和品格吗？

这次国庆还有一个极度夸饰之处，就是各种宣传机器都开足马力夸张中国的国力，甚至夸张中国的国际影响。《尚书》上说："满招损，谦受益。"在中国成为安全理事会常任理事国以后，中国的民族主义本来已经得到满足了，在这个日益全球化的世界上，若不防止极端民族主义而放任它发展，实实在在是十分危险的。

今年不但是"十一"五十周年，也是"六四"十周年。为当局计，其实大可乘这个日子大赦天下，并且抚恤受难者，这样不但可以收拾全国人心，给中国的进一步改革建立新的基础，而且可以大大提高中国的国际声望，使中国的改革有更好的外部条件。然而他们竟视若无睹，轻轻放过。另外，就在今年春夏之交发生的法轮功聚众与打砸美国大使馆两件事已足以证明党和政府的控制力大幅度下降。照中国传统的说法，"天之示警，亦已至矣"。然而我们的领导人却只是师毛泽东"气可鼓而不可泄"，"个人崇拜人人都可以搞一点"的歪理邪说，以大搞排场来震慑天下耳目，以为这样就可以"安邦定国"，全然不顾其结果只能是事与愿违。

今年还是"五四"的八十周年，然而"五四"提出的科学和民主的口号，还有"个性解放"的目标并没有达到。今年上半年发生的"法轮功事件"既说明了科学精神在中国还远未养成，也说明了民主还没有在中国出现。处理法轮功的手段用的完全是毛主义的老一套。我完全不相信什么法轮功，但是我坚决反对对法轮功的镇压，不是有信仰自由吗？我知道同我想法一样的人是很多的。然而在各种各样的舆论工具中都听不到他们的声音，仅这一点，就可以说明民主和法治在中国是怎么一回事了。

不论现实多么令人难以满意，我还是抱着千家驹老人八年前在苏联瓦解后提出的"和平演变（或曰和平进化）"的愿望。理由十分简单，不是和平演变，那就只有暴力演变或者暴力革命了。我这样的人已经参加过一次革命而且尝过胜利的滋味了。但是五十年的经历使我不得不认同三千年前伯夷、叔齐的话，"以暴易暴，不知其非"。全人类的历史都证明了人类的进步大多是在和平的改良中取得的，暴烈的战争或革命很少能带来真正的进步。

因此，世人称赞的邓小平的"渐进主义"我是赞成的。甚至在他进行"六四"镇压，我在明确表示反对因而获罪之后，也还常常在心里为他辩解。他毕竟是老经验，也许有他的理由，"以中国人口之众，素质之低，问题之多……万一乱起来，怎么办呢？"

但是，渐进的要义是要进不要停，改革如逆水行舟，不进则退。船到中流，在水中打转转是可怕的。

邓小平的遗训是"稳定压倒一切"。中国确确实实需要稳定，但是，套毛泽东的一句话：以坚持改革求稳定，则稳定存；以停滞倒退求稳定，则稳定亡。

从"八四"到现在已经十年过去了。江泽民入承大宝，正位核心也已经整整十年了。虽然他对中华人民共和国的建立并无尺寸之功，但是仅仅因为"人会老"这条自然规律，他的龙庭也已经坐稳了，中国已经没有可以向他挑战的力量了，如果他是一个"明白人"，现在是他可以以大手笔为中国、为历史，也为他自己建功立业的时候了。

既然邓小平能以三七开的评价对毛泽东明扬实批，给中国人大大出了一口冤气，理顺了相当一部分政治经济关系，为中国的改革事业开了一个好头，为什么你不能学他的榜样，在邓小平因为历史局限而止步的地方重新起步呢？

既然邓小平在一九九二年可以完全违反他自定的四项原则而说"资本主义可以搞市场经济，社会主义也可以搞市场经济"，从而使中国经济打开了一个新局面，为什么你不能说"资本主义可以搞议会民主，社会主义也可以搞议会民主"，给中国的政治改革打开一个新局面呢？这可是恩格斯的主张啊！

"六四"已经过去十年，邓小平也已死了两年。中国进一步改革的条件不但已经成熟，而且已经"烂熟"了。不实行民主，人民深恶痛绝的贪污腐化只能愈反愈多。

我注意到了江泽民现在也喜欢引用孙中山的话："世界潮流，浩浩荡荡，顺之者昌，逆之者亡。"问题在于要看清什么是世界潮流：全球化是世界潮流，市场经济是世界潮流，民主政治是世界潮流，提高人权是世界潮流，顺之者昌，逆之者亡。邓小平已经走出了决定性的两步，再走一两步，改革的大业应该可以基本完成了。以后的路当然还长，但是那是又一代人的任务了，是全新的任务了。

不要害怕会失掉什么。人民从来不会固守僵死的教条而只珍视切身的大利，只有大胆地改下去，你才能保住自己，而且保住邓小平、毛泽东和共产党。

虽然二十年来老是有人说"改革者没有好下场"。但是，如果是最高领导人主动推进改革，历史历来都是肯定的。对中国来说，最理想的前途就是由江泽民自己来领导民主化。

有一个中国人自己立下的榜样，蒋经国就是在国民党垄断政权六十年之后开放报禁与党禁的。十年过去了，国民党垮了吗？没有。当然，国民党要千秋万代是不可能的，变化是辩证法的铁则，对于一个革命政党来说，能完成和平交班，向宪政政府交权，就是大功告成，功成身退的理想结局了。毛泽东早在《论人民民主专政》里已经预告了共产党的灭亡。在全世界现代化的浪潮冲击下，中国要开放报禁、党禁是必然的、不可阻挡的，能够吃准火候，抓住时机，顺乎大势，与时推移，就是中国传统中所说的"圣之时者也"。

毛泽东的名言是："历史的发展是不以人的意志为转移的"。很快就要到二十一世纪了。在这世纪末的时候，在这月黑风高已有凉意的秋夜里，一个风烛残年的老人，守着孤灯，写下自己一生的欢乐与痛苦，希望与失望……最后写下一点对历史的卑微的祈求，会不会像五十年前胡风的《时间开始了》那样，最后归于空幻的梦想呢？

一九九九年十月一日属稿

十月九日完稿

但开风气不为师 —— 代序

资中筠

　　"李慎之先生去了！"噩耗顿时传遍国境内外，引起的震惊、惋惜、悲痛之迅速、之广泛、之强烈、之深切，决不同于寻常某位德高望重的老人、名人的逝世，而是来自一种思想和精神的感召力。与他生前有所交往的各辈人等对他的称呼不一：慎之、慎之同志、李先生、李老师、李副院长……我则从一开始就称他为"老李"，生前如此，本文也不再改口。他倒下得太快，去得太突然，没有留下遗言。直到今天我总是无法想象他已永远离去。近年来已经习惯于电话铃一响，里面传出他洪亮的声音，似乎犹在耳际，难道真的从此不再？

　　我个人有幸在上个世纪八十年代（大约是1982年）在赴美的飞机上第一次巧遇老李，而且恰好座位相邻。当时都是素昧平生，我孤陋寡闻，竟也不曾闻其大名，社科院有美国所也是那次才知道的。他知道我在国际问题研究所研究美国，就单刀直入滔滔不绝地谈对外交政策、中美关系、台湾问题的看法，许多看法在当时十分新颖，而且涉及种种时弊。一个有点级别的"老干部"对一个萍水相逢的晚辈如此没有戒备，不讲官话，直舒胸臆，使我吃惊，便也大着胆子说出我原来"私心窃以为"而未敢说出，或不敢肯定的看法。当时他对改革开放满怀信心，基调是乐观的。那一席谈似乎在我长久受到禁锢的脑子里吹过一阵清风。在这之后，他有过几次邀我参加社科院的对外交流活动，并着手把我"挖"来美国所。那时两个系统人员流动还不那么容易，他做了不少努力，直到1985年才办成。从此我得以在他领导下工作，包括两人都退休以后继续交往近二十年，在二十年中既有耳提面命，又有平等的交流和思想的碰撞，甚至争论（以我的身份可以算顶撞）。无论是何种形式，都使我深受教益和启发，也处处感受到他思想、眼光之异于常人之处。其丰富的内容和个人此时此刻的心情一时难以言喻，只有留待以后痛定思痛，从容整理。这里写下的只是浮现在脑海中关于创办《美国研究》的点滴记忆。

美国研究所成立于1981年，而《美国研究》到1987年才创刊，比其他新成立的研究所都晚。在此之前只有一份内部刊物《美国研究参考资料》。这与老李的主导思想有关。首先他对学术文章、学术刊物有自己的标准，在他心目中相当多的号称"学术"的作品其实都名不副实。把国际或外国研究列入社会科学范畴，作为学术来对待（而不仅是政策研究）在我国还是新鲜事物。国际问题，特别是美国，可以公开讨论和研究，其本身就是改革开放的产物，以前是不能想象的。社科院"国际片"的几个所有一部分是从其他机关搬过来的，有一定基础；另一部分，包括美国所是完全新创，老李认为要拿出相当水平的学术研究成果来尚需一定的时日；第二，美国与其他国家不同，无论是政治上、意识形态上都是相当"敏感"的（其实直到现在也何尝不是，只是程度不同而已），但既然作为学术问题来研究，就要尽量客观、科学，与宣传有所区别，这也是老李一贯坚持而不愿迁就的。基于这一考虑，美国所先办了《参考资料》，作为内部刊物。用他的话来说，"让大家练练笔"。开始时较多翻译和单纯介绍情况的文章，以后中国人自己的分析性文章渐渐多起来。既是"内部"，说话就自由一些，不必处处顾虑"口径"。即便如此，作为内部资料能够达到那样客观、开放、摆脱陈词和教条的程度也仍与老李的思想分不开。现在回头再翻阅《参考资料》，可以发现无论是翻译介绍还是创作的文章，内容都相当丰富，既有基础知识，也有前沿动态，还有颇有水平的分析文章。名为"内部"，发行量并不低于正式刊物，对改革开放初期，知识界渴望了解外国的旺盛的求知欲是一大满足，同时也对如实地传播关于美国的知识起了一定的启蒙作用。

但是毕竟一份公开的学术杂志是一个研究所存在的标志。特别是随着对外交流日益频繁，经常遇到的一个不可避免的问题是：你们的研究成果如何表现出来？我们不能总是回答："我们有一份刊物，但是内部的，还不能给你们看"。所里一些元老们已经多次建议要有一份公开刊物。我记得其中吴展（时任副所长）、董乐山和施咸荣主张最力，后来在创办中也出力最大，可惜董、施二位也已作古。我是1985年才到美国所，不久以后也加入了主张办公开刊物的行列。老李原则上并不反对，但根据他的标准，总是觉得水平还不够。我们认为丑媳妇总要见公婆面（何况与当时国际研究界的一般水平比，决不是"丑媳妇"），可以边办，边征求意见，边改进。另外，有了公开刊物，还可以较广泛地在全国吸收稿件。记得我还开玩笑引了袁枚的两句诗："阿婆还似初笈女，头未梳成不许看"，那是袁枚对自己苦吟的自嘲。这只是老李要求高的许多例子之一。其实他一直在考虑此事。以他长期在党内新闻报刊界的经验，深知其中艰难，又不愿降格以求，才一再犹豫。一旦决定上马，他就雷厉风行，亲自挂帅，全力以赴，从方针到格式、封面设计都亲自过问。不办则已，办则即使不是一鸣惊人，也要在高起点上启动。当时没有专职编辑，老李创造性地决定第一年让本所的四位老学者：陈宝森、董乐山、施咸荣、严四光每人轮流编一期。关于其他创办中的繁杂事务，他仍本着一贯的不拘一格用人才的方针，经董乐山介绍，从三联书店调来一名女编辑邵宏志承担起来。邵因文革失学，学历只有初中，老李谈一次话就把她留下，当时连集体宿舍的一张床都不能提供，就暂时在办公室过夜。邵宏志果然不负所望，立即以惊人的能量、主动性、敬业精神和荣誉感全力以赴，在她力所能及的范围内实现老李的与众不同的要求。她的作风之泼辣也是打破常规的，而且没有等级、资历观念，常常风风火火冲进办公室，直奔老李提出一个问题，或让他看纸样、格式等等。关于封面设计，她找了好几个美编，拿出几个图案，经过讨论，由老李拍板定下来，基本上就奠定了《美国研究》别具特色的风格。二十年来，虽在颜色和细节上有所变化，但基本格调不变。

至于内容，毋容赘言，老李在思想上是站在开放改革前沿的，主张突破教条、打破禁区，独立思考，以客观、科学的精神介绍和分析研究美国。这是他开办美国所的初衷。他直到离开美国所多年，一直关心美国所的事。他自己说对美国所"情有独钟"。但他又常说其实兴趣不在专门研究美国。这看似矛盾，我体会其中复杂的心情：一是美国所是他长年受到不公平的贬黜复出之后创办的第一件事，凝聚了他的心血；但又不仅如此，他复出是与改革开放同时，也正是由于改革开放才有此机遇。当时大家共同的感觉是一个新时期来到，都充满希望。他基本上是继承了"经世致用"的传统的，加以自己本身的经历和识见，对改革开放是满怀激情地拥护，并有自己的设想的。可以想见他办美国所决不仅是为了学术探索，而是继承了晚清、民国以来向西方寻求强国之道的仁人志士的追求，与我国的现代化紧密相联。具体说来，就是推动改革开放。美国对于他来说，并不只是一个国家，而是一种符号，代表着一种价值体系，"现代化"的参照系。但是他的这种取向又决不可作狭隘的理解。在社会科学领域，从来就有所谓学院派和充当"智囊"之争。尽管老李本人常常被认为起着高级"智囊"作用，他却不止一次表示反对把美国研究定位于写政策报告，而提倡对美国本身各个方面作深入的研究。我在冯友兰先生的著作中发现哲学家是"全民族的智囊"之说，就在"中国的美国研究"一文中借用了这句话，认为同样也适用于美国研究。此文登载于《美国研究》创刊号。老李对这一提法立即采纳，后来在很多场合予以提倡。从他后来的实践来看，其范围远远超过美国研究，这也就是他所说的兴趣并不在于研究美国。

与此同时，他对待美国还是抱着极为审慎的态度。照道理，《美国研究》应该由他写发刊词，但是他犹豫再三，还是决定不写。这与他迟迟不办公开杂志的考虑是一致的。所以《美国研究》还有一个与众不同之处，就是没有正式的发刊词。他强调"客观"的含义是全面的，有一句话我印象很深：如果把《美国研究》办成一份专为美国说好话的杂志，我们就跌份了（大意）。这句话在那个时候有一定的针对性，因为那是改革开放初期，人们刚刚接触到一些外界的真相，对以前的片面宣传开始幻灭，在反教条主义的同时容易走向另一个极端。足见他是清醒的，是真正的维持独立精神。他一般不审稿，但对涉及外交问题，还是把关很严的。另外一项他十分强调的要求也有他的特色："做到字通句顺"！这看起来要求实在不高，不是学生作文的起码标准吗？殊不知，在他眼里能称得起"通顺"的文章并不多。一篇旁人看来还过得去的文章，经他过目，用词不当、成语错位、语法不顺、乃至逻辑不通比比皆是。他自己古文修养较深，对典故、成语的原义特别讲究，对今人以讹传讹的错用特别敏感，难以容忍；另一方面，他对白话文的规范要求也很严格，"的"、"了"、"吗"、"呢"都各有其所。他常说，文革以前的报纸决不会像现在这样错误百出。他见过吕叔湘戴着老花镜，面前摊着一张《人民日报》，拿着一支红笔，把错别字和词语错用之处一一划出来，心里十分难受。老李说这话时充满了同感。我本人就被他告诫过：你该用"的"的地方常常省略，这是个不好的习惯。另外，那种食洋不化、充满各种生造的词语，脱离中文的基本规范，以晦涩为高深的文风那时已经开始，尽管还没有后来那样愈演愈烈，老李当然对此深恶痛绝。所以他的"字通句顺"并不是容易达到的。不过法乎其上，至少可以得其中。应该说，《美国研究》还是有比较注意文字的传统，总的说来文风比较清爽。这当然与几任编辑的文字水平和取向有关，而老李在创办时的大力强调和所奠定的基础是十分重要的。

老李在美国所期间基本上述而不作。他惯常的做法是，想到一个问题，走到有关的研究室，即兴发挥，或长或短，有时兴起演变为长篇大论，旁边房间的人也循声而来。他有教无类，对各种水平各种年龄的人，不管理解力如何，都同样开讲。这种即兴的高谈阔论对于他本人和听者都是一种精神的享受。那时他心目中的研究所可能有点像古代的书院，可惜当时没有录音也没有记录，其中有许多思想的火花和他亲身经历的有独特意义的故事，还有许多警句，如水银泻地，已无法收集起来。听众大概都各取所需，每人在记忆中留住一点，或无形中化为自己的思想营养。好在他在退下来后最后的十年潜心写作，留下了可以传世的文字。不过一个人的思想是有发展和变化的，后来写的仍然不能囊括那时的内容。可惜天不假以年，我知道他是言犹未尽的。

另一方面他对于研究人员却坚持以文取士。除了开创时几位早已有所了解的老同志外，招新的研究人员先看文章，在美国所形成一种不成文的制度。他曾对读了一些书，有些见解，颇为自负但不大动笔的年轻人说："你也许前途无量，大器晚成，我尊重你暂时多积累，不写东西的选择，那么你也应该耐得住寂寞，不在乎暂时不要职称"。当时刚刚恢复评职称。文革之前的观念，副研究员就代表较高的水准和较高的荣誉，"研究员"则常与前辈大师的名字相联系。以助研退休的也大有人在，有"白头贡生"之说。经过文革的断层，当然不能完全依照原来的标准。一些老学科、老研究所的一批老的权威学者还在，有标准可循；而国际和国别研究走入社会科学领域还是新事物，前无来者。老李主持美国所和随后作为副院长主持国际片工作，对标准的掌握起决定性作用。他在言词上尽管陈义较高，但实际上充分考虑到历史条件，还是宽严适度的。不过为了维护学术的尊严（用他的话说是"惜名器"），他以身作则，提出了一项创议，就是与同他资历差不多的一批原来不是专门从事学术著述的院级和所级老同志相约：大家都不要职称。其实那几位老同志也是学识渊博，水平很高的。他们也没有利用职权挂名主编丛书之类以取得"有著作"的资格。后来有一位已离休的老同志见到现在"研究员"、"博导"满天飞，特别是与权力、职位相联系，开玩笑说"我们算是都上了李慎之的当"。

俱往矣！那样的风骨开那样的风气！

是的，如果说他在社科院、美国所短短的十年中最独到的贡献，那就是开一种风气，就是我最初见面时所感觉到的一股清风。他没有正式收过研究生，但老中青几代学子中都有人自认为门下弟子，把他称作自己的"导师"。他没有当过"课题组长"，但许多研究课题，甚至一些人终身研究的方向都是他几句话启发出来的。他在生命的最后十年，以病余之躯，爆发出惊人的创作力，把宠辱置诸脑后，与时间赛跑，把思想形诸文字，留下了宝贵的财富，是后人之幸；但是他真正的影响远不止于有形的文字。"但开风气不为师"，其庶几欤？

2003年

宏毅之士，任重道远

资中筠

李慎之先生的逝世在国境内外，引起的反应之迅速和强烈、惋惜之痛切，为近年来德高望重的老人、名人逝世所少见。这是来自一种思想和精神的感召力，同时也出自对他的境遇的同情和不平。与他生前有所交往的各辈人等对他的称呼不一，我一开始就称他为"老李"，生前如此，本文也不再改口。他倒下得太快，去得太突然。直到今天我总是无法想象他已永远离去。

老李的平生遭遇在他那一辈的有理想、有思想的知识分子老革命中颇为典型：少壮慷慨悲歌，满怀救国之志，投身革命，为实现自由、民主、共产主义理想（当时在他们心目中这几项并不矛盾）；革命胜利初期被委以重任，意气风发准备一遂平生志；然后就是一连串的打击，有早有晚（有人在延安时期就经历了政治审查的炼狱）；然后劫后余生迎来改革开放新时期，在不同程度上重新担起一定的职务，又是痴心不改，再次鞠躬尽瘁。不过此后二十年的风雨中各人的情况、取向就大不相同了。老李的贬抑从1957年反右开始，直到1979年复出，但是1989年的风波中又未能幸免。所以从1949年起到他于2003年赍志以没，实际上正常工作的时间先后加起来只有十八年，以共和国五十四年计，还不到三分之一。能不常使英雄泪满襟！这种生命的浪费当然不是他一个人的，是我们民族悲剧的一部分。

听他家人说老李在医院中直到最后倒下不能开口之前，还通过电话与朋友讨论世界大事，以至于给大家以假象，对他的康复一度估计比较乐观。这是完全可以想象的，不这样，就不是李慎之了。我在4月上旬从外地回京闻讯赶到医院看他时，他已进了监护室，探视者不能进去了，我从门缝中张望只见各种机器、管子，他从此再没能开口。据说此时他脑子还是清楚的，只是不能说话。由于一切来得突然，他没有留下遗言，最后一刻他在想什么，永远无人知道了。

但是他平生一直在想什么，却是昭然若日月的。概括起来就是中华民族的前途。毋庸赘言，老李是坚决拥护开放改革的。在新的一轮"启蒙"中站在思想前沿。世人皆知他上反专制主义，下反奴隶主义，倡导民主、自由，认为国人"启蒙"远未完成，并以此为己任。有人奉之为"自由主义"带头人，有人责以"全盘西化论"。知之罪之，他的文章俱在，不必我来置喙。我个人体会到他气质的另一面却是非常"中国的"。他有深厚的国学底蕴，给他个人的道德、文章两方面都提供了丰富的资源。他基本上是继承了"经世致用"、以天下为己任的传统，有兼济天下之志，而决不甘心独善其身，无论"穷"、"达"，都是如此。

在政治思想上他强烈主张平等自由，而在个人修养、待人接物方面，却有许多"旧道德"的规范和底线，许多已经成风之事，在他看来属于"君子不为也"。他曾告诉我，在刚被打成"右派"时，内心极为痛苦，几乎不敢听他最喜欢的贝多芬的《命运》交响曲，因为那主旋律分明是在说"不要检讨，不要检讨"！最后他却是用的孟子的"动心忍性"，达到一种自我克制。他不止一次提到"动心忍性"，大概他委屈不得伸张的时候居多，这是他在高压之下可以动用的一种道德伦理的资源。后来他看穿了各种在"革命正统"的名义下实际祸国殃民的荒谬政治，忽然悟出：以他们的这种标准，我就是"右派"，从此泾渭分明，也就心安理得，不再痛苦了。他主张平等，但是在日常生活中又颇重"长幼有序"（不是指官位级别），在有比他年资长者在场时，我很少见他旁若无人高谈阔论。这是一种本能的修养。他对人的第一印象很看重"谈吐儒雅"，彬彬有礼。当然有时他也承认看走眼，因为有的谈吐儒雅者其实文化修养并不高，情操也不一定儒雅。顺便说一句，他不是诗人，也不常以诗示人，但我偶然见过他写的旧诗，惊异于其格律之严谨，风格之典雅，方知他这方面也有相当的造诣，也就难怪他提起有些号称会写诗的高官常常摇头了。他喜欢引的一段论语是："士不可以不宏毅，任重而道远。仁以为己任，不亦重乎！死而后已，不亦远乎！"从他一生的行藏可以看到这段话已经溶入他的精神。

他也曾有过居庙堂之上的经历。在他前八年后十年短短的两次"出仕"期间，曾经三次随国务院最高领导出访，起过高级谋士的作用。尤其是第二个阶段，在对外关系、对台工作方面他离最高决策圈是相当近的，而且曾参与十二大政治工作报告中有关外交方面的起草。他确实有中国知识分子的"虽九死其犹未悔"的精神，但在那个时候并没有屈子的悲壮情绪，也不是孔子的"知其不可而为之"，基本上是乐观的，我没有感到他有什么"心有余悸"，而是照样没有戒备、没有保留地做他认为应该做的事。在当时的政治空前开明的气氛下，他的见解、学识刚好得其所，本以为是可以大有作为的。

1980年以后他调到社科院，奉命创办中国社科院美国研究所，随后任社科院副院长，主管"国际片"的八个研究所。在那段期间，他基本上述而不作。他自己说对美国所"情有独钟"，但他又常说他其实兴趣不在专门研究美国。这看似矛盾，我体会其中复杂的心情，一是美国所是他长年受到不公平的贬黜复出之后创办的第一件事，凝聚了他的心血。但又不仅如此，他复出是与改革开放同时，也正是由于改革开放才有此机遇。可以想见他办美国所决不单纯是为了学术探索，而是与推动改革开放，促进现代化相联系的。美国对于他来说，并不只是一个国家，而是一种符号，代表着一种价值体系，一种参照系。同时他又反对把美国研究定位于为政府写对策报告，而提倡对美国本身各个方面作科学的、客观的、深入的学术研究。我在冯友兰先生的著作中发现哲学家是"全民族的智囊"之说，就在"中国的美国研究"一文中借用了这句话，认为同样也适用于美国研究。此文登载于《美国研究》创刊号。老李对这一提法颇为赞赏，后来在很多场合提倡。从他后来的实践来看，他不愧为民族的智囊，当然其范围远远超过美国研究，这也就是他所说的兴趣并不在于研究美国。

1989年天安门事件是一个转折点。关于他那时的言行有许多传说，不少是穿凿附会。例如说他曾与学生一道上街到北京市委门前喊口号之类。这决不是事实。这不仅是一个细节的误传，我认为是对他为人的一个误解。他的确不赞成戒严，更反对武力镇压，但是他从理论上对街头政治有自己的看法。以他当时的实际职责，也决不可能去上街喊口号。相反，当时社科院多位领导都不在北京，他刚好留守在家，本着一贯高度的责任感，以保卫社科院，维持秩序为己任，一层楼一层楼地巡视。老李的文人气使他不同于一般的"老党员"，他的表达方式是"语不惊人死不休"，因此常常以言获罪；但是他在行动上决不是鲁莽汉（他在自述中说自己是"胆小鬼"，当然又是夸张语法，指行动谨慎则是符合事实的）。他在工作中有关政策问题的掌握从来中规中矩，我除了学术工作外，在对外交流，特别是对美、对台工作这一方面与他接触较多，他从来没有出过格，犯过什么"外事纪律"。有的只是比较灵活、艺术，重常识而反教条，能以识见服人，从不使人感到与言无味。他对1989年的风波的态度和情绪实际上代表当时大多数，有人比他激烈得多。不过他在高处，而且以他特有的鲜明方式表现出来，容易被人抓住，不像有些人事后可以悄悄地转变，或沉寂下去，小人物更可以略去不计。这也是"峣峣者易折"吧。单是他的文人气和语言习惯平时在"革命队伍"中就不大合众，由于他对人很少戒备，许多私下随口说的话，运动一来都成了话柄。"六四"以后，他在社科院领导层中为重点批判对象（那时的委婉语叫"反思"），一名原来对他常套近乎，尊敬有加的行政部门负责人，转变了立场，参加了老李的反思会后表示不满，说他检讨还掉书袋，用的成语典故人家都不懂。我不知其详，但可以想见老李决不是故意"掉书袋"，是他自然的表达方式，而且用的典故也不见得太生僻。这个细节给我印象很深，因为那种氛围我太能体会了，每当强调"阶级斗争"时，读过些书的人一开口就令某些人反感。就是他那篇著名的"风雨苍黄五十年"，据我了解，原本也不是为发表的，而是自己发自肺腑的感言，应该与日记差不多，只不过印出来给几个朋友看看。不知怎地被上了网，引起了意想不到的后果：一方面，再次在体制内被打入另册，进一步遭封杀；另一方面却在海内外赢得了空前广泛的声誉。这是绝大的讽刺。

我在写"平戎策与种树书"一文（收入拙著《读书人的出世与入世》）时，常常想到他。他更像辛弃疾和李白，而不像陶渊明。但是毕竟时代不同了，不必哀叹"却将万字平戎策，换得东家种树书"。他退居书斋笔耕不辍，却不同于效悠游林下以辞赋自遣。因为他可以放眼全球，从这个高度看人类命运，民族兴亡，他的读者遍及朝野。近半个世纪中他逆境多于顺境，但是从另一方面看，与庙堂绝缘，处江湖之远，倒能作更深层次的观察与思考，他的本色，他的学养可能得到真正的发挥，特别是最后十年，应该说是思想最闪光的时期。其一贯的追求老而弥坚，想得更深、更透彻，从心态上义无反顾，在时间上也有了更适宜的条件，潜心写作，留下了可以传世的文字。实际上他

"在野"的十年中接触面之广，影响之大远超过"在位"之时，这是任何禁令无法封杀的。可惜天不假以年，使他言犹未尽。

当然老李更多是继承了五四以来对科学、民主的追求。这些见诸文字是大量的。但是还有一些是没有形成文字的即兴之论。他在社科院时经常就一个话题即兴发挥，或长或短，有时演变为长篇大论，他有教无类，对各种水平各种年龄的人都一样开讲。那时他心目中的研究所可能有点像古代的书院。他退下来以后大约听到他的宏论的圈子更广了，包括电话谈话。可惜没有录音也没有记录，其中有许多思想的火花和他亲身经历的有独特意义的故事，还有许多警句，如水银泻地，无法收集。听众大概都各取所需，每人在记忆中留住一点，或无形中化为自己的思想营养。

我个人有幸在上个世纪八十年代（大约是1982年）在赴美的飞机上第一次巧遇老李，而且恰好座位相邻。当时都是素昧平生，我孤陋寡闻，竟也不曾闻其大名，社科院有美国所也是那次才知道的。他知道我在国际问题研究所研究美国，就单刀直入滔滔不绝地谈起对各种问题的见解，许多看法在当时十分新颖。对于一个萍水相逢的人如此坦率，没有戒备，使我吃惊，他完全不打官腔的独特的语言也使我有清新之感。后来体会到这就是他作风的"特色"，也是少有的本色。那一席谈似乎在我长久受到禁锢的脑子里吹过一阵清风。随后他把我"挖"来到美国所，从此我得以在他领导下工作，以及两人都退休以后继续交往共二十年。这二十年中他对具体问题的看法并非一成不变，我们也并非在所有的问题上看法完全一致，但是我最初的印象始终如一：襟怀坦荡，议论横生。总是单刀直入，很少拐弯抹角。时常一语惊人，发人之所未发。他的思想财富当然是属于众人的。对我个人而言，可以毫不夸张地说，他在关键时刻对我的点拨起了"再启蒙"的作用。他是第一个从不跟我说"要好好改造思想"的领导。相反，他在对我有些了解之后，曾对我说，你应该相信自己决不会不爱国，决不会"立场不稳"，你只要把你所想的写出来，就是好文章。那是改革开放初期，对于习惯于戴着镣铐跳舞的我真有豁然开朗之感。这是一种返朴归真的根本取向，不是对具体问题的观点。我终于摆脱从大学毕业前夕就开始的永远改造不好的原罪感，得以回归常识，回归自我，进入今天的境界，是受惠于他的。

当然受惠的不止我一个。他没有研究员、博导之类头衔，也没有正式带过研究生；但是许多人都称他为自己的导师。他自己没有固定的专业，却推动了许多人的专业研究。人们可以同意或不同意他的某些观点，但是他的一片忧国忧民的赤诚，追求真理的执着，至死靡它。这样一个人，有满怀救国之志，强国之策而无所用；无"越轨"之行而有超常之见，却屡屡以言获罪，时至21世纪的中国仍未能免遭"诛心"，受到一种颇有中国特色的软性封杀，可胜浩叹！说明我们要在精神上实现真正现代化任重而道远，还需要多少"宏毅之士"为之奋斗。

2003年

【作者简介】资中筠，1988年继李慎之之后任中国社会科学院美国研究所第二任所长，中国社会科学院荣誉学部委员。

把国际政治当作一门学问

王缉思

自李慎之先生离世之后，我会在睡梦中突然醒来，沉浸在往事的追思中。看来，不写出一篇纪念文字，良心是交代不过去的。

同慎之先生的交往，是从一封信开始的。1986年春，袁明策划她在北大的第一个国际会议，邀请中美两国的青年学者，讨论1945-55年的中美关系史。慎之先生及章文晋大使、罗荣渠教授、资中筠老师等是会议的中方顾问。青年人的论文先要送给顾问们审阅。我的两篇论文，分别交给了慎之先生和资老师。我曾经在1983年社科院美国所召开的会议上见过慎之先生，当时印象最深的是他的威严，而他对我是不可能有印象的。所以当我把论文寄给慎之先生时，心里七上八下，尤其是因为当时那篇论文的中文稿还没有写好，而时间又很紧，只能先送他英文稿。为怕他怪罪，我写了一封短信解释。他怎么评价我那篇论文，现在已经记不得了。只记得他后来说我那封信文字通顺，落款还知道用"后学"两字。自此，注意到慎之先生不但思想深邃，谈吐高雅，而且极注意文字细节。

1991年我从北大调到社科院美国所工作，其时慎之先生已没有了行政职务，闲暇多了，成了常来我办公室的贵客。这时才慢慢发现，慎之先生虽然经常训人，特别是训我这种才疏学浅的后辈，其实在个人交往中是非常没有架子的。他坦荡，不需要用摆架子来维护自己的权威。一位德高望重的党内老同志说过，"李慎之的性格用一个字就能描述：狷。他吃亏就吃在这个字上。"正是因为他"狷"而不狭隘，他成了我在自己的长辈和上级中惟一敢当面抬杠的人。

一天，我兴奋地把美国历史学家小阿瑟·施莱辛格的一篇短小、精彩、文字优美的文章送给慎之先生看，顺手写了几句话加以评论。没想到他又挑我的刺了："你用'金玉良言'来形容他的文章是错的！你懂怎么用这个成语吗？金玉良言只能用来称赞你谈话或者写信的对象，说'您的一番教诲真是金玉良言啊'。赞扬其他人的文章写得妙，要用'字字珠玑'！"

慎之先生说起话来口无遮拦，做学问却是慎之又慎的。在他开始发表文章而且一发不可收拾之前，几次跟我说要继续坚持"三不主义"——不写文章、不讲课、不做报告，原因呢，就是与其没想好就写出来误人子弟，不如不写。老实讲，我当时还没有见过慎之先生的文章，曾偷偷想：是不是他也像有的人那样，知识渊博，评论起别人来头头是道，可自己写文章是另一码事，所以怕写呢？这个妄测，现在想起来很可笑。不过究竟是什么情节让慎之先生放弃了"三不主义"，我从来没有弄明白过。

在我看来，衡量我们这些所谓"国际问题专家"够不够资格当学者的主要标准，是能不能像慎之先生那样，把国际问题当成一门学问来做。慎之先生写一篇几千字的文章，通常需要几个月的思考，搜集资料，同别人"乱侃"也常常是有目的的，是在为他的文章做"正反论"。一个观点反复想，一个论据反复考证，当然下笔就慎重了。他考证过的事情，有李光耀关于"亚洲价值观"的论述的前后差别，有美国西点军校是否真的要求其学员学习雷锋，等等。一篇文章初稿出来，他复印了到处送，不耻下问，反复推敲。他的文章鲜有注解，不符合时下的"学术规范"。把他所有关于国际政治的文章加起来，其数量也未必够在哪个国际问题研究所评高级职称的。但他在资料积累上用力之深之勤，是常人难以想象的。一次，他郑重其事地把几年搜集下来的关于美国同拉丁美洲关系的《参考资料》剪辑拿来，说你研究美国全球战略可不能忽视拉美，现在我不研究美国了，这些资料留给你用吧。看到他在资料上用红笔的勾画，有的地方还有眉批，不由得感叹不已。

这种一丝不苟还有几个难忘的例子。一次我同他谈起，美国卡特时期国家安全委员会处理东亚、东南亚事务的中国问题专家奥克森伯格给我讲述了中越边境自卫反击战期间，中美默契配合的一些故事和细节。慎之先生眼睛一亮，说这可太重要了，你应该赶快再找他详谈，录音或者做记录，不然追悔莫及。我知道，慎之先生1979年陪同邓小平访美，了解中方当时的一些战略考虑，对这个问题有过很深的思考。如果能把中美双方的内部考虑核对一下，对研究中美关系史是很珍贵的。我还知道，对于1970年代初中美关系为什么能够缓和的问题，慎之先生同奥克森伯格的观点也不谋而合，即共同对付苏联的威胁并非双方的惟一考虑甚至主要考虑；当时两个国家都想从越南战争中脱身，美国要的是体面的撤退，而中国也感到越南问题在战略和经济上都拖累太大。可惜的是，我那段时间工作太忙，没有做成这件事，连奥克森伯格讲过的情况，也没有多少印象了。今天不但慎之先生已去，连比他年轻十多岁的奥克森伯格也在两年多前作古，真的是追悔莫及了！

1999年科索沃战争结束的几个月之后，我写了一篇不长的报告，谈美国人对科索沃战争的若干反思。这篇短文并没有在资料方面下太大的功夫，也没有拿给慎之先生看。没想到他看见了，还打来电话加以评论。他说，到底西方国家对米洛舍维奇在科索沃搞种族清洗的指控是否符合事实，是判断这场战争的是非曲直的一个关键。他读到过加拿大一家报纸披露美国记者在科索沃捏造事实，但说凭借一篇报道的"孤证"，还不能下结论，问我看到过这篇报道没有，有没有别的西方资料披露类似情况。惭愧的是，我没有能够给慎之先生任何明确的答复，而且至今对科索沃是否发生过种族清洗，其规模有多大，没有清楚的概念。回过头来翻阅国内关于科索沃战争的多篇文章著作，其倾向性固然十分明确，但对于当年南斯拉夫国内到底是什么情况，仍是语焉不详。这是无法告慰慎之先生的一类遗憾。

令我欣慰的是，最后一次给慎之先生做资料工作，是圆满完成任务的。那是2002年6月，慎之先生搬到新居不久。他来电话，像过去一样声如洪钟，像过去一样没有一句客套，像过去一样不容拒绝："王缉思啊，你给我找找这句话的原文和出处！"他要我找的是丘吉尔的一句名言，大意是民主虽然弊病百出，是很坏的一种政体，但还是优于其他政体。他说自己翻阅了很多书，没有一本说法一样，没有一本有这段话的原文和出处。几天以后，我没有花多大的力气就在网上找到了英文原文，给他回了电话。他迫不及待地叫我在电话里读给他听，要我马上把原文打印下来邮寄到他家里。不知什么原因，寄了三次他才收到。

慎之先生在构思什么文章，为什么需要引用这句名言，我没有问，此后再没有读到他新的文章。先生去了，我替他把苦心查找的原文翻译出来，献给关心他的读者：

"在这个罪孽和不幸的世界上，人们尝试过而且还会尝试多种政体。没有人佯称民主是完美无缺或智慧无比的。正如有人说过的，除了所有其他曾经被尝试过的政体之外，民主是最糟糕的政体。——温斯顿·丘吉尔，英国下议院，1947年11月11日。"

【作者简介】王缉思，1993年继资中筠之后任中国社会科学院美国研究所第三任所长，曾为北京大学国际关系学院院长。

悼念李慎之——改变我命运的人

茅于轼

　　我从外地出差回来，得知李慎之先生病危住院。我赶紧打电话去问，他的女儿接的电话，说情况一直不稳定，但是还有希望能够恢复。没想到今天十点多钟他竟没有留下一句话，就此走了。我知道他有满肚子的话要说，有满脑子的计划要实现。他自己绝对没有想到走得这么快。

　　去年年底前，我腾出时间去看他，他精神很好，看见我去特别高兴，滔滔不绝地谈了近两个钟头，还给了我几篇他新写的文章。我看他精神这么好，就试探着问能不能到天则所来做一个报告。没想到他痛快地答应了。不过他说，去年什么时候北大请他去做报告，海报都贴出来了，可是最后还是没讲成。我说天则所不存在这样的问题。后来因为彼此寻找合适的时间，推迟了几次，幸亏终于在今年二月二十一日星期五，天则所的双周学术报告会上，他做了关于中国民主化的报告。这是慎之生前最后一次公开的报告。那天到会的人特别多，会场里坐不下，许多人坐在走廊里，有的椅子都没有，干脆就站着听。可见慎之是多么地受欢迎。

　　最近这几年我和他的联系越来越少了。特别是他搬到潘家园去之后，交通不方便，我又特别忙。不过每次去见他，总是抱着喜悦的心情。因为我喜欢听他的高论。这种心情从我在1984年春天，第一次见到他就发生了。那时是王国乡同志领我去的，我还在铁道部科学研究院工作。我对自己的工作环境不太满意，因为我的兴趣越来越偏向经济学理论，在铁道研究院总感觉格格不入。我想调中国社会科学院经济研究所，或者数量技术经济研究所，可是他们拒绝接受我，我猜想大概因为我不是经济学科班出身。王国乡说可以和李慎之谈谈看，于是就去了他家。那时他是中国社会科学院美国研究所所长。他简单地听了我的自述，以后我又递去一份简历和申请书，他就痛快地同意了。1984年9月我就坐在美国研究所的办公室里上班了。他也就成了我的直接领导。理论上说中间还有一个室主任，但是美国所是一个小所，所以所长和研究人员直接接触的机会很多。

慎之是一位信奉自由的人。他答应我每年写几篇有质量的关于美国经济的论文，其它的时间可以做我自己感兴趣的研究，当时我感兴趣的就是中国的经济改革。我在美国所发表的第一篇重要论文就是动态择优分配。这篇文章将择优分配从静态推广到动态，讨论一个动态过程最优化必须满足的条件，把数学规划中拉氏乘数法和变分法中的欧拉方程联系起来。文中举的一个例子就是价格改革的速度问题。它的最优途径应该是短时间的改革成本和长远效果在边际上的平衡。我在美国所的十年中大约三分之二的研究成果都是关于中国改革的。我相信这批文章对中国改革多少起了推动作用。如果没有慎之给我的特别关照，我的这些成果都不可能取得。

到美国所之前的1982年我就有机会去了一次英国，参加中欧能源政策讨论会。但是时间太短，未能近距离地观察一个西方国家。到了美国所我十分希望有机会去美国访问。1985年的夏天，慎之派我参加由浦山领队的社会科学院代表团访问美国的布鲁金斯研究所。访问结束后我多留了两个礼拜，参加了中国留美经济学会的成立大会，使我有机会结识了许多杰出的中国在美国学习的学者，他们中一部分留在美国教书或者做研究，一部分回到国内成为中国经济改革的重要力量。以后近十年的时间中我一直担当留美经济学会的国内联络员，负责推进中美学术交流和人员互访。慎之对这一切活动都给予积极的支持。他曾经私下对我说过，所谓现代化就是美国化。这句话虽然不全面，但是确实指出了中国现代化的方向。他就是这样看待自己作为美国研究所所长的职责的。

次年，即1986年初，慎之让我利用福特基金会提供的资助去哈佛大学访问一年。因为1985年我初次访美的时候认识了哈佛大学国际发展研究所的所长帕金斯，他对我的英语能力和经济学水平有初步的了解，所以愿意作为邀请方请我去访问。在哈佛大学访问的一年可说是我人生中起转折作用的一年，结交了一批国际著名学者，建立了和许多国际学术机构的联系，特别是近距离地观察了这个世界上最发达的市场经济国家的方方面面，对市场经济有了更为深入的了解。回国以后写了《生活中的经济学》一书，受到读者极大的欢迎，出了三版，销售不少于六七万册。

我从美国回来时，慎之已经获决定升任中国社会科学院副院长。但是他对美国所的工作依然抱着特殊的喜爱，大概因为他对中国现代化过程的理解，对美国研究的重要性的认识。他虽然淡淡地离开了美国所，但是美国所的同志们没有不想念他的。他虽然官做得很大，但是没有一点官架子。在美国所的时候他经常和研究员们讨论各式各样的问题，学术上的、时事上的、生活中的。不论什么问题到了他的话题里就有特殊的见解。所以大家都愿意听他的议论。他领导美国所真正做到了出成果、出人才。而且他不仅仅眼睛盯住美国研究，而是为国家、为社会作研究。他的视野非常广阔，涉及到中国现代化的各个方面。研究人员的报告他都一一审阅，而且逐篇讨论。他虽然不是经济学家，但是他能够抓住经济学最核心的问题。这或许是因为他在大学里最初是学经济学的有关。他为人正直，不容搞任何邪门歪道。所以美国所没有其它所那些复杂的勾心斗角。我很庆幸没有参与到这种搞不清的事里去。

慎之不但健谈，特别是他的文章写得好。我印象最深的是那篇对台关系的文章。虽然我并不完全赞成他的观点，但是文章确实好，层次分明，逻辑严密，特别是文字畅顺优美。他的文章是我所看到的现代中国作家中最好的，应该编入中学教科书来读。1999年那篇脍炙人口的《风雨苍黄五十年》不仅是因为寓意深刻，也因为它文字优美，真情动人。许多人或许有同样的感觉，但是很少有人能够像他那样准确地传递这种复杂的感情。

六四以后是他情绪特别低落的时候。他和我相识也不过五六年，但是已经变得非常知己，无话不谈。他多次表露过对自己深刻的检讨。文革改变了他对革命的看法，而六四则再一次，而且使他更深刻地认识中国民主化的前途。他感觉自己老了，没有那股锐气，顾虑也多了。对于怎么能够为国家多做点事，感到力不从心。其实这正说明他强烈的责任感一点也没有减退。所以一直到临死之前他还在不停地写作。在他当美国所所长的时候，他有大量的作品，但是绝大多数都没有正式发表。倒是在退休后，他不再拒绝发表文章。在最后的几年间，他经常说的一句话，就是如果他有下一辈子，他愿意做一个教公民课的老师。一方面这是他对当前政治课的不满，一方面也是他对公民教育的重视。1999年底，天则所成立公民教育小组，我们请慎之参加，他不辞辛苦亲身来到天则所，参加讨论，发表意见。他对天则所做的许多事情都表示关切，并且在精神上给予鼓励和指导。他对我，从事业到家庭，都关心。我们见面没有任何客套，推心置腹，天南海北，这样的谈话是人生一大乐趣。虽然他只比我大六岁，但是从经历上，从学术上，他比我大了一个辈份。我一直以这样的心情对待他。但是他却以极其平等的姿态对待我。所以我们成了忘年交。可是这样快乐的时候再也不可能再来了。

他年纪虽然老，头脑特别清楚。他曾经对我说，不知道还能干多少年。他自己认为大概还能干五年左右。我也这么想。他有一大堆计划好的事情要做。他曾经说要写一篇关于抗美援朝志愿军中被俘人员的文章，为此收集了大量材料。他认为政府对待他们是极不公平的，所以他要研究。可是他没有时间完成它。他又想研究公民教育，研究民主化的道路。过去他研究全球一体化，研究自由主义，研究近代史中的胡适，所到之处无不产生重大影响。如果他能够继续写下去，中国的现代化还将得益于他。可是谁料得到他走得这么仓促！

我的一生中有几个人对我产生重大影响，改变我的人生轨迹。其中最重要的就是李慎之。现在我们失去了他。这个损失是永远无法弥补的。每当我想起他，就会感到力量。我会继续他的事业，作为对他的纪念。

2003年

茅于轼

【作者简介】茅于轼，1929年生于南京，1950年毕业于上海交通大学机械系。在铁道科研系统工作三十多年后于1984年调中国社会科学院美国研究所，任研究员。1986年赴美，在哈佛大学任访问学者。1987年回国，以后七年内担任非洲能源政策研究网顾问。1990年应澳大利亚昆士兰大学经济系招聘任高级讲师，讲授研究生班的微观经济学。代表作有：《择优分配原理——经济学和它的数理基础》《生活中的经济学——对美国市场的考察》《中国人的道德前景》（获1999年Antony Fisher国际纪念提名奖）《谁妨碍了我们致富》《寻求社会致富之道》《道德、经济、制度》和《给你所爱的人以自由》等。

陈独秀--李慎之--林语堂

曹德谦

　　陈独秀——李慎之——林语堂，把这三个人联在一起，似乎有点不伦不类。我之所以这样做，只因为我把他们三人列为三名能真正实行反思的典范。

　　陈独秀，1879年生于安庆，他有很高的国学基础。19岁时，他赴南京参加乡试，竟使他改变了整个人生观。他在自传中是这样写的：

　　　　有一件事给我的印象最深。考头场时，看见一位徐州的大胖子，一条大辫子盘在头顶上，全身一丝不挂，脚踏一双破鞋，手里捧着试卷，在长巷中走来走去，上下大小脑袋左右摇晃着，拖长着怪声念他那得意的文章。念到最得意处，用力把大腿一拍，翘起大姆指叫道'今科必中'。这个今科必中先生使我看呆了一两个钟头。在这一两个钟头当中，我并非尽看他，乃是由他联想到所有考生的怪现状。由那些怪现状联想到这班动物得了志，国家和人民要如何遭殃，因此又联想到所谓抡才大典，简直是隔几年把这班猴子狗熊搬出来开一次动物展览会。因此又联想到国家和一切制度恐怕都有如此这般的毛病。因此我最后感觉到梁启超那班人们在《时务报》上说的话是有些道理呀。这便是我由选学妖孽转变到康梁派之最大动机。一两个钟头的冥想决定了我个人往后十几年的行动。我此次乡试，本来很勉强，不料其结果却对于我意外有益。

接着是他往日本留学，在北大任教，并与从美国回来的胡适交上了朋友，请来了"赛先生与德先生"，在中国倡导一场声势浩大的新文化运动。但不久，他又信从了马克思列宁主义，带头组织中国共产党，投身于"无产阶级专政"的事业，充任了第三国际的走卒。为了这个"专政"，胡适写信同他分道扬镳。胡适的信是这样写的：

独秀兄：前几天我们谈到北京群众烧毁《晨报》的事，我对你表示我的意见，你问我说："你以为《晨报》不该烧吗？"五六天以来，这一句话常常来往于我脑中。我们做了十一年的朋友，同做过不少的事，而见解主张常有不同的地方。但最大的不同莫过于这一点了。我忍不住要对你说几句话。几十个暴动分子围烧一个报馆，这并不奇怪。但你是一个政党的负责领袖，对于此事不以为非，而以为"该"，这是使我很诧怪的态度。

你我不是曾同发表一个"争自由"的宣言吗？那天北京的群众不是宣言"人民有集会结社言论出版的自由"吗？《晨报》近年的主张，无论在你我眼睛里为是为非，决没有"该"被自命为争自由的民众烧毁的罪状；因为争自由的唯一原理是："异乎我者未必即非，而同于我者未必即是；今日众人之所是未必即是，而众人之所非，未必真非。"争自由的唯一理由，换句话说，就是期望大家能容忍异己的意见与信仰。凡不承认异己者的自由的人，就不配争自由，就不配谈自由。

我也知道你们主张一阶级专制的人已不信仰自由这个字了。我也知道我今天向你讨论自由，也许为你所笑。但我要你知道，这一点在我要算是一个根本的信仰。我们两个老朋友，政治主张上尽管不同，事业上尽管不同，所以仍不失其为老朋友者，正因为你我脑子背后多少总还同有一点容忍异己的态度。至少我可以说，我的根本信仰是承认别人有尝试的自由。如果连这点最低限度的相同都扫除了，我们不但不能做朋友，简直要做仇敌了。你说是吗？

陈独秀当了五届的中国共产党总书记，遭受到了莫斯科独裁之种种逼迫，不得不退党，同时也是被开除出党。但他的大彻大悟是在抗战期间蛰居四川江津身染重病而临逝世之时。他这样写道：

　　民主是自从古代希腊罗马以至今天明天后天，每个时代被压迫的大众反抗少数特权层的旗帜，并非仅仅是某一特殊时代历史现象，并非仅仅是过了时的一定时代中资产阶级统治形式，如果说民主主义已经过了时，一去不复返了，同时便可以说政治及国家也已过了时，即已经死亡了。如果说，民主只是资产阶级的统治形式，无产阶级的政权形式只有独裁，不应该民主，则斯大林所做一切罪恶都是应该的了。列宁所谓"民主是对官僚制度的抗毒素"乃成了一句废话。如果说无产阶级民主与资产阶级民主不同，那便是完全不了解民主之基本内容（法院外无捕人杀人权，政府反对党派公开存在，思想、出版、罢工、选举之自由权利等），无产阶级和资产阶级是一样的。如果说斯大林的罪恶与无产阶级独裁制无关，即是说斯大林的罪恶非由于十月以来苏联制度之违反了民主制之基本内容（这些违反民主的制度都非创自斯大林），而是由于斯大林的个人心术特别坏，这完全是唯心派的见解。斯大林的一切罪恶，乃是无产阶级独裁制之逻辑的发展。试问斯大林的一切罪恶，哪一样不是凭藉着苏联十月以来秘密的政治警察大权，党外无党，党内无派，不容许思想、出版、罢工、选举之自由，这一大串反民主的独裁制而发生的呢？若不恢复这些民主制，继斯大林而起的，谁也不免是一个专制魔王，所以把苏联的一切坏事，都归罪于斯大林而不推源于苏联的独裁制之不良，仿佛只要去掉斯大林，苏联样样都是好的，这种迷信个人轻视制度的偏见，公平的政治家是不应该有的。我们若不从制度上寻找出缺点，将永远没有觉悟。一个斯大林倒了，会有无数斯大林在俄国及别的国家产生出来。

　　近代民主制的内容，比希腊罗马要丰富得多，实施的范围也广大得多。因为近代是资产阶级当权时代，我们便称之为资产阶级的民主制，其实，此制不尽为资产阶级所欢迎，而是几千万民众流血斗争了五六百年才实现的。科学，近代民主制，社会主义，乃是近代人类社会三大天才发明，至可宝贵；不幸十月以来，轻率地把民主制和资产阶级一同推翻，以独裁代替了民主。民主的基本内容被推翻，所谓"无产阶级民主"只是一些无实际内容的空洞名词，一种抵制资产阶级民主的门面语而已。无产阶级取得政权后，有国有大企业、军队、警察、法院、苏维埃选举法，这些利器在手，足够镇压反革命，用不着拿独裁来代替民主。一般无知的布尔什维克党人更加把独裁制抬到天上，把民主骂得狗屎不如。这种荒谬的观点，随着十月革命的权威，征服了全世界，第一个采用这个观点的便是墨索里尼，第二个便是希特勒。首倡独裁的本土苏联，更是变本加厉，无恶不为，从此崇拜独裁的徒子徒孙普遍了全世界。五大强国就有三个是独裁，第一个是莫斯科，第二个是柏林，第三个是罗马。这三个反动堡垒把现代变成了新的中世纪，他们企图把有思想的人类变成无思想的机器牛马。

作为中国共产党的创始人，陈独秀的反思是多么深刻啊。他的预言又多么正确啊。无产阶级独裁不但产生了残忍的斯大林，还产生了比斯大林更残忍的毛泽东。

陈独秀还为我们留下了一句话：五四运动还没有过时。现在来看李慎之。

李慎之，1923年生于无锡的一个知识分子家庭。他有兄弟两人，一个叫李中，一个叫李正。李中就是后来的李慎之。他可以称得上是书香门第。自幼就读古书。这对1923年出生的人而言已极为稀有了。在中学时代接触到共产党的进步刊物，就开始深受鲁迅的影响和信服共产党的宣传。抗战时期他在成都燕京大学上学，成了学生运动主要领袖之一。当时共产党大谈反对一个党一个主义，而高举争民主，争言论自由的大旗。因此，大批大学生都归服在这个大旗之下。

大学毕业后，因受国民党迫害，李慎之进了重庆的《新华日报》，并随后去了延安。由于他才华出众，很快就在共产党队伍中脱颖而出。在共产党开进北京城后就出任了新华社国际部的副主任，以31岁之年，就当上了11级高干。应当说，他是党的宠儿人物。

他曾多次随周总理出访。他自己这样说：我是外交部的客卿，总理要出国，就找乔冠华，乔就来找我。有时是总理直接点名叫我去。所以我应该算是个红干部。

他的特点之一就是健谈。"言多必失"，在1957年无可避免地被划为极右派，行政降六级。在最初阶段，他耿耿于怀，觉得自己一贯忠于毛主席，奚有反毛之理。并曾写匿名信，向毛申冤。但在彭德怀受难以后，茅塞顿开，觉得毛独裁的确是罪恶，开始在内心反毛。

李慎之的右派身份在1979年得以纠正后，他再次复出，先后随邓小平及赵紫阳出访，并最后任美国研究所所长及中国社会科学院副院长。在八九民运中，他草拟了一张大字报，支持民运，贴在社科院大楼东门，胡绳及刘国光等领导都在上面签名。六四后又来了一次清洗，李兄再次挨批评。他愤而辞职，并留下一句掷地有声的名言：不在刺刀底下当官。

董乐山兄和我都是李兄手下多年的小兵和右派朋友。我们在背后议论李兄时，董兄曾对我说：李兄的宏论令人佩服，但在处理事务时，仍有不少共产党官僚主义。只有在辞官以后，李慎之才成为真正的自由人，人们认为他的值得大书特书的功绩是从那个时候建立的。

反思的李慎之和反思的陈独秀，可以说是中国思想史上的两大圣像。

李慎之继承了陈独秀的"五四运动尚未过时论"。他说："前两年读了陈独秀在1942年逝世前的言论，我更恍然大悟，根本没有什么资产阶级民主和无产阶级民主的不同，也没有什么旧民主和新民主的不同，民主就是民主。""人类经过二十世纪这一百年的历史经验，经历了法西斯和'法东斯'各式各样社会主义改造理论，现在也已经明白，什么无产阶级、资产阶级，其实都只是在极其狭窄而短暂的时空条中存在，只有极相对的意义，归根结底，人就是人。"

"整个二十世纪一百多年中国民主运动几起几落而迄无成就，不但说明了这个有两千多年专制主义传统的东方大国民主力量之弱，而且说明了这个树起了民主科学这两面旗帜的五四运动，实际上并没有使二者在中国扎下根来。"

他的晚年实际上是他的最盛之年。我们简要地转述一下他的各种说法。他说："打成右派后，一直到1959年大跃进失败以后，我觉得不必在心里做假戏了。你共产党就算对我有恩，从今以后，我跟你一刀两断了。跟你毛主席也一刀两断了。从那以后，我一直是以批判的眼光看中国共产党。现在领导人还在讲一论无产阶级专政，二论无产阶级专政。真不知道他们老讲这些干什么？历史上我没有整人的经验，也没有被整的经验。一挨整就是右派，一整就被整到底。这点我高兴。与其我负天下人，不如天下人负我。如果我长期在那个官位上呆着，免不了也要整人的。"

"中国的宪法完全是骗人的。因为我们的宪法有一个序文，其中提到马列主义毛泽东思想的领导，又提到人民民主专政（即无产阶级专政），又有共产党的领导，这三条是完全一致的，又是与民主完全不相容的。所以宪法中规定的各项自由是百分之百的'屁话'。毛刘均有一次拿着宪法质问为什么自己没有说话的权利。实际上，刘是受了委屈而想伸冤，毛是为了要耍威风，打压别人。两个人都不懂宪法的作用，也不把宪法放在眼里。"

"比较鲁迅与胡适不是一个小问题。我以过来人的身份可以说我们这一代是被误导了。'误导'两个字可以说是很沉痛的，也可以说是分量很重的。整个二十世纪，对于形成主流的中国青年人来说，可以说是一个战争与革命的世纪。现在己进入二十一世纪，中国的民族任务和历史任务变得很清楚，只有'改革开放，民主建国'，或者说'自由主义'这一条路可走了。这样，胡适的形象与作用就不可避免地突现出来。这个时候不弄清胡适所代表的自由主义的本质，不弄清它的方方面面，中国和中国人就无从前进。胡适的道路虽然迂远，却是无可替代的，是世界各国的必由之路。"

他在2003年4月4日给一位朋友的信中说："我晚年也在做点'学术工作'，目的只有两个：一是'破'，破马列主义、毛泽东思想及其末流；一是'立'，立民主、法治、人权理性科学的思想。"

这样，李慎之就成了二十一世纪在中国大陆树起了自由主义的大旗的先锋。

最后要谈一下林语堂。这是另外性质的一个故事。它与政治无关，是一起宗教领域内的事。林语堂在晚年写了一本书，名为《从异教徒到基督徒》。他说：这本书是我个人从异教回到基督教的旅行。我所处的地位和许多生而为基督徒，但由于种种不同的原因觉得在教会中有某些东西直觉地使他离开的人一样。我相信有千百万人像我一样，我被那个可怕的叫做框子的东西阻止我注视雷姆卜兰特。事实上，没有剧烈的信仰改变，没有神秘的异象，没有某人把红炭堆在我头上的感觉。我重回我父亲的教会，只是找到一个适合我而不用条条主义来阻止我的教会而已。

林语堂，福建漳州人，1895年生于一个基督教家庭，父亲是一名虔诚的牧师。所以他从小就是一名基督徒。19岁时进入上海圣约翰大学念神学系，由于不习惯牧师的作为，不久就改念西洋文学。毕业后到清华大学教英文。同时，他的思想有改变，退出了教会，成了一名异教徒。接着又到美国哈佛进修，并和北大讲定将回国在北大任教。这里就发生了一个小故事。他在美国因妻子进医院，把钱花光了。于是致电北大文学院长胡适，要学校预支二千大洋。回国时，北大校长已换了蒋梦麟。他说要还北大预支的款，蒋查了账目，北大根本没有这笔支出，这完全是胡适自掏腰包的钱。林在《八十自叙》中说："我才知道胡适真够朋友，遂在年底前还清了。我正式记载下来，让大家明白胡适为人的慷慨和气度，这件事从未公开。"

林语堂在1930年代北大时参加了鲁迅的"语丝"派，却没有参加胡适的"现代评论"。因为他认为后者是"学而优则仕"的人，而把"语丝"看成"我们心话的园地"。周作人和周树人是现代中国文学的先驱。他们两周聚会一次，通常是星期六下午到中央公园的来今雨轩。

我们不谈政治，因为本文要谈的是林为什么在晚年又重新皈依了基督教。他为此竟写了一大本书。他认为达尔文进化论虽然比"七天创世"更有说服力，但终不能解释宇宙之起源也。进化中的机率太渺茫，故未必可信。

以响尾蛇为例。蛇制造这种毒液没有经过思想，而仰赖于千万分之一的机会中去瞎碰机会。那为必要有效注射毒液的枪样舌头，及毒液囊纯粹偶然的碰着，也只有万万分之一的机会。但凭偶然的侥幸继承这种能耐以使第二代的身上准确地形成这化合的混合物，将可能是十万万分之一的机会。因此，以一次碰机会再加上跟着要碰的机会来并算，将是一之后跟着二十三个零分之一。也就是$1/100,000,000,000,000,000,000,000$。

结论是，进化论不能解决问题，只有创造才合乎道理。在这个问题上，林语堂与牛顿的立场是完全一致的。我把林语堂列为牛顿—杰斐逊派的基督徒。

没有人见过上帝。上帝是无形的，他是大光。这光不是烛光或电光，它是看不到，摸不着的。它并不照亮眼，它只照亮心。上帝派遣了耶稣，耶稣是有形的，他本身不是上帝，他转达了上帝。

林语堂说："上帝真理之光是灵性的眩目地纯洁之光，在人的教训中没有可以比拟的。当他进一步教人宽恕且在他自己的生活上示范时，我接纳他为真主及我们众人的救主。只有耶稣，没有别人，能带领我们这样直接地认识上帝。"

林语堂还戳穿了无神论的骗局。他写道："在莫斯科及北平苏维埃领袖们无所不在的画像里，可以看出甚至一个无神的社会中也有对某些神祇崇拜的必要。唯一的分别是新的神祇、新的教条、新的异端，及新的祈祷，已代替了那些旧的。由示威游行时所抬过的画像及偶像的数目，强迫向他们致敬及为赞美这些新神而唱赞美诗，以及个人思想及权利被剥夺看来，我认为共产主义的国家是近代国家中最卑鄙的偶像崇拜者，正如偶像崇拜这个字的真正词意。不幸那个他们向他崇拜了三十年之久的神，死后按照赫鲁晓夫所说，转变成了一个杀人凶手及一个阴谋诡计的主谋，一个歹徒，而二万万人崇拜了他三十年之久，竟未能发现其真相。但且让我们称它是历史上的偶发事件（其实不是偶发，因为中国也发生了同样的事）。不管怎么说，在一个无神社会中，往往有一神主义在那里永远活动。"

林语堂特别讨厌那些教派之争，讨厌所谓的神学家。"无论哪一种神学，都时常削弱了耶稣教训的力量和平易。不错，这使信徒经常产生许多问题及答案。在耶稣自己的话中却没有要询问的事情，甚至没有野蛮人不懂的事情。在耶稣的话中，没有神秘的定义，没有自我欺骗的辩证法。分析它们就是等于杀了它们；改善它们等于毁了它们。如果那些神学家知道自己所做的是什么该多么好啊。因为没有任何神学家有耶稣的心。只要他一加入讨论，情调和声音都马上改变了。"

林语堂最后说："任何宗教都有形式及内容，而宗教常藉形式来表现它自己。在基督教中，内容是由耶稣的一切丰益所赐，但形式却是人加上去的。耶稣建立他那没有信条只有他在他门徒中所创造的以爱的伟大力量为基础的教会。这种使使徒们对主不得不爱的爱，是基督教教会的开始。人必须用心灵和诚实来崇拜上帝，而形式却是像人选择言语来崇拜上帝，无论是用德文、英文、法文、或拉丁文，都没有关系，不是吗？"

以上所介绍的是三位反思的典范。但世界上也有从不反思的人。也就是从不承认自己的错误。最典型的就是希特勒、斯大林和毛泽东。其中尤以毛泽东为最。

"胡风分子"前人民大学副校长谢韬曾说："我摆脱对毛泽东的崇拜是一个非常痛苦的过程，总相信毛泽东弄清真相后会改正的。实际上，他从不会想到纠正他干的事，哪怕错了也不会纠正的。"

　　我们认为，能不能和肯不肯反思是一个人品问题。

　　【作者简介】曹德谦先生是德高望重的老一辈美国史专家、翻译家、报人、中国社会科学院美国研究所退休研究员。曹德谦生先生的人生信条是：报导真实，揭露一切谎言。

在改革开放过程中认知美国

——怀念美国研究所前所长李慎之

朱传一

　　三十年前，即20世纪七十年代末和八十年代初，正是中国改革开放潮流蓬勃兴起的年代，也是中国社会科学院美国研究所开始筹建的年代。1980年我已是55岁的初老之年。起初，我因对美国并不熟悉，对去美国研究所工作有所犹豫。但在改革开放国策的鼓励下，最后还是下定决心，作为筹组美国所的一员投入到建所工作中。

　　美国所还未成立，任筹备组组长的李慎之与中国社会科学院有关领导商定，派我先期赴美国进行考察。原因是我曾长期从事国际问题研究，有兄长早期留学美国并获得重大科学研究成果，还有不少同学在中国驻美使领馆和联合国工作等方便条件。更重要的是，不需要美国所或院方提供任何经费资助（美国所尚未成立，没有经费预算，也未有国际组织资助）。

　　问题在于我到美国后究竟应该研究什么课题？讨论中众说纷纭。主管社科院外事工作的宦乡副院长倾向于研究美国这个国家社会发展的趋势。当时他有个观点，认为美国这个国家的实际发展，已经到了"腐而不朽、垂而不死，还有一定生命力"的阶段。美国"还有一定生命力"这个观点，在国内讨论时曾引起轩然大波，遭到不少批评。当宦乡知道我将赴美考察时，嘱咐我回国方便时，可找他个别谈谈。美国所筹备组组长李慎之提出，要我研究美国中小企业的发展问题，以便和当时国内拓展民间组织和私营工商业的需求相适应。我自己则倾向于研究美国对亚洲的政策，这是因为我曾任东南亚研究所学术秘书，可以驾轻就熟。讨论中意见不一致，最后，筹备组对我到美国后的研究课题暂不做决定。这样，正适合当时最流行的思路，就是邓小平所说的"摸着石头过河"。

1981年3月4日，我作为波士顿大学的访问学者登机赴美国考察。在飞机上我望着浩瀚辽阔的太平洋，心里还在琢磨：在美国这片陌生的土地上，究竟去哪里寻找它的"一定生命力"呢？

一 先寻觅"石头"再考虑"过河"

初到美国，能想到的就是先得找块靠得住的"石头"。只有寻觅到稳妥可靠的"石头"，学习中国古人所说的"投石问路"，才有可能平安"过河"，走上正途。

生活在美国的科研环境中，脑子里有问题，最方便的就是请教那里的同行，特别是那些早年定居在美国的华裔教授们，再有就是美籍犹太裔学者们。以色列这个国家，与中国有类似的古老历史背景，犹太学者更有丰富的知识和智慧，容易与中国人相处。何况，我在国内曾经探访和研究过中国的犹太人。在美国，我就这个题目举办的讲座获得美籍犹太裔学者和学生们的极大欢迎，与他们相聚时，更有许多共同语言。我决定，就摸着他们这些新交和亲友的"石头"，尝试着"过河"吧。

这个尝试果然见效。到1981年年中左右，我向美国所筹备组写出了第一份报告《与美国学术界人士谈研究美国问题》。这份报告综合了大约十次座谈的情况，参加者是来自波士顿大学、哈佛大学、马萨诸塞州州立大学、布兰戴斯大学、黑勒社会福利学院、东北大学等院校的教授和学者们。此外，还邀请了波士顿市南端区社区和民间社团的负责人一起讨论。参加座谈的美国人热情、友好，富有社会经历，对美国社会与经济问题常有精辟的意见和建议。

每次座谈的主题都不同，美方参加的人物也不同。大家经常争论激烈，但气氛始终热烈而融洽。座谈最集中的建议都是希望我们"在发展中看待美国”，“充分估计美国社会在历史发展中的变化”，看到其“多样性与复杂性”，从各种不同角度观察美国，听取各种不同意见和反映，以“区别现象和本质”，并在学习美国经验的同时不忘接受其教训。他们还提醒我们：在看到美国资本主义的高度发展时，也要看到社会主义思想与世界观在世界上的出现对美国所产生的巨大影响。在研究方法上，倡导“走出书斋，跳出学术界的狭隘圈子，到实际生活中接触各个阶层、各种不同的人物，力求得出较完整的概念”。“要用比较的方法，区别不同的环境和背景，根据中国自己的特点，选择重点，进行研究与借鉴。”这些善意的告诫，特别是关于美国这个国家在其经历的历史长河中也在“不断变化”的观点，对我这个曾尝试“过河”的人来说，虽然已经过去三十年之久，仍然记忆犹新。

1982年，李慎之访美时，我借机邀请他来访布兰戴斯大学。他应邀来访时，很支持“在发展中看待美国”的观点。这使我在美考察时获益匪浅。

二 站在前人肩膀上才能高瞻远瞩

使我想不到的是，国内的人们，包括政府的主要领导人，非常重视我反映的美国情况。1981年12月，参考性刊物《经济消息》第48期刊登了我写的总标题为《美国人士注视中国的经济变革》的一组四篇文章，这些文章的内容是我根据在美国的座谈整理出来的。时任国务院副总理薄一波看到后，对我的文章做了十几处批语，说美国人的一些意见“对”、“中肯”、“说到了要害”，并认为中国的改革开放“不能只在小改、小革上下功夫”。做出批示后，他还要我“看看是否妥当”，要我再写些话和意见给他。于是我又陆续写了几篇东西。薄一波表示“很乐意看写出的新东西”，还打来电话。同时他也表示，这些“只是个人间交换意见”。

1981年12月19日，我写了一封信给薄一波副总理。信中说：“为什么一些美国学者能透视到中国经济发展中的问题，并能提出一些比较中肯的意见呢？我想答案可能是：社会与经济的变革，正如自然科学与技术发展一样，有它自身的客观发展规律。如果人们（不管是无产阶级还是资产阶级）的作为，合于自然规律发展，它就会获得成就；

相反，逆于自然规律发展，它就会碰壁而失败。在资本主义高度发展的美国，它付出了高昂的代价，特别是牺牲劳动人民的利益，取得了科学技术和经济等方面一定的进展。至今，其细胞仍具有一定的生命力。这说明它的所作所为，包括社会与经济发展，有其符合于客观规律的一方面。我们应该正视和承认这一点。美国人士能看到中国经济发展中的一些问题和能提出一些建议，我认为，并非是他们对中国经济问题有些什么真正透彻的研究，主要的只是，他们是一些'过来人'，是一些熟练的驾驶员，能从一辆汽车转弯的倾斜度，判断出这辆车能否顺利地行驶在大道上。"

我说明："在美国，加强了我这样的决心，这就是必须学习著名科学家牛顿，要学会站在前人的肩上高瞻远瞩（无论这个前人是些什么人）；否则，我们自己就是蠢人。我正是这样理解我们为什么要保持一个'开放社会'的。"

三　横渡"大河"激流，需要"适应变化"的
"维稳"和"维权"机制

在美国这个大国中周游、交往，我逐渐意识到，要适应其复杂、多样、不平衡与变化，只是在书斋中研究、讨论是远远不够的。要真正走入这个社会，与广大各阶层人民接触，尽可能地了解他们的生活疾苦、思想状态，这好像才是研究美国的正道。这就好比我们在河中摸到和抱住"石头"并不是目的，还要向"大河"深处走去。从浅滩走向深水，从静静溪水走向激流漩涡，当然需要很多勇气和决心。

中国社会科学院美国研究所在1981年5月已经"开张"了。在李慎之这位首任所长的领导下，所内气氛比较轻松自由。既然如此，就放开手脚和思想向前走吧！

在来美国所之前，我曾多年下放东北和河南农村劳动。下放期间使我印象深刻的是在基层访贫问苦，与老百姓同吃、同住、同劳动，这使我接触到了中国的实际。到美国后，接触美国各方面的实际情况，是我考察的重要内容。我生活在美国名牌大学圈子里，周围的教授、学生大多居于美国中产阶级。周末受邀到他们家里，经常聚会攀

谈，似乎不难了解他们。至于与美国上层社会的接触，当时对我来说也不困难，常有机会被邀请参加狮子会、扶轮社的聚会，和企业家大亨一起观赏上层人士和富豪们组织的活动，如高尔夫球比赛、网球比赛、在乡村俱乐部遨游聚餐等，常常能听到他们对国际和国内形势的议论与争辩。

美国大学中的应用社会系、社会工作系、社会管理系或者社会福利系是最令我感兴趣的部门。那里的教授、学生很愿意带我一起访问各地的贫民窟和少数族裔聚居区。对那些地方，我起初也顾虑会遇到斗殴、枪战、吸毒、盗窃、妓女拉客等不测和风险，但后来逐渐了解到，只要有当地的社会工作者、教会牧师、团伙领袖们带领、引导，当地人了解你的来路、背景，他们不仅不会伤害你或者干预你的访问，而且会时刻帮助和保护你。这样，我访问贫民窟的胆子越来越大，曾经遍访波士顿、费城、纽约、底特律、华盛顿、洛杉矶六大城市的贫民窟，与当地的黑人领袖、贩毒团伙、妇女组织、社区福利与慈善救助机构，乃至吸毒者、妓女和江湖好汉都有过一些接触。我还曾经在基层社区中遇到美国共产党领导人霍尔（Gus Hall）的前秘书、美国工会即劳联-产联（AFL-CIO）负责人和煤矿工会的前主席。我在考察美国落后农村地区时，还访问过美共举办的山区培训班、阿拉巴马州贫困农村的黑人聚居区和密西西比河流域修建水电工程后形成的穷苦移民区。在美国"访贫问苦"期间，我无数次听过贫苦民众对当地政府和企业家不顾环境保护和农民生活稳定的怨言、批评甚至谩骂。有许多时候，我当夜就留宿在他们"鸡笼"似狭小的家里，与他们攀谈苦难的经历直至深夜。谈话中，我经常被感动得和他们一起流泪。

给我印象最深的是，这些美国底层贫民所具有的强烈的维权意识。他们迫切要求维护自己的生存权、就业权、居住权、环境保护权、儿童抚养权、养老权、妇女权益、残疾人工作和福利权益等等。各地似乎都不缺乏"水泊梁山"式的"好汉"，但总的来说，一方面是怨言如潮，另一方面却看不出至少是在短期内会发生社会大动乱的迹象。

为什么？就在这个时候，家兄朱传榘（J. C. Chu，世界上第一台电子计算机"埃尼阿克"、英文缩写是"ENIAC"的六位创始人之一、曾获美国电子和电气工程师协会颁发的"电子计算机先驱奖"）、陈郁立（Robert Chin，波士顿大学社会心理学教授、费孝通先生的老友）、沈瑗琍（马萨诸塞州立大学社会学教授、雷洁琼先生的好友）在一次聚会时共同指出：要了解美国社会，就要研究美国的社会保障政策及其变化。他们说，中国革命的胜利有三大法宝（统一战线、武装斗争和党的建设）；美国也有自己的一些法宝以维持社会的相对稳定和发展。这样一些谈话使我意识到：适应社会变化，建立并不断改进和创新自己国家的社会保障体系，满足各阶层人民生活中的各类迫切需求，有可能就是美国保持社会稳定、人民维护自身权利，和国家相对长治久安的主要手段之一。

1984年冬，我应邀去费城考察，住在宾夕法尼亚大学的招待所里，同屋的是上海交通大学副校长张寿，我们一见如故。相处期间，我们俩经常就个人观察美国的感想相互交流，有时一直谈到深夜。我告诉他，根据我的观察思考，社会保障制度的不断改进、充实和创新，可能就是美国延长其"生命力"的一个重要手段。他思考后也认为有道理。不久他接到国内急电，要他立即中断访美回国接受新的工作，彼此只好惜惜而别。

令我做梦也没有想到的是，1985年初返京后还未来得及与家人好好团聚，我便接到国务院通知，要我去参加一系列的"社会保障研讨会"。据说，就是那位新上任不久的国家计划委员会副主任张寿把我写给他的长信以及我们谈话的内容报告给国家计委主任后，这些材料又被呈报给了时任国务院总理的赵紫阳那里。赵紫阳在我的报告上两次批示说："社会保障是个大问题，是改革中必然提出和必须予以配套改革的重要方面。"他要求"首先要在认识上弄清楚"，并指示国务院"作为专题认真研究"、"提出方案"。这真的使我感到了改革开放国策的巨大动力和影响。可惜的是，由国务院召集的这一系列研讨会，演变成为有关部门马拉松式地向上汇报成绩的会议，缺乏探讨、争论和认真研究的精神。我越听越觉得言不及义，此后便请假去中国各地、各单位进行比较有意义的实地调查去了。

从此，我身不由己。在职期间，先后曾与美国研究所各研究室的同事们一起编写了《美国社会保障》一书，期望引起更多人士特别是所内青年研究人员对这个问题的兴趣。经我与美国联邦政府社会保障署副署长协商，取得编译权，编译了《全球社会保障》的中文版（60万字），翻译了《21世纪的社会保障》一书，组织有关人员编写了《苏联与东欧各国的社会保障》。此外，我还主持了国家重点科研课题"社会发展与社会指标体系"，建立了国内五个省、市或地方的社会发展实验区，担任过国家科委社会发展课题专家组组长。从推动建立中国的社会保障制度出发，又具体参与到研究中国的养老事业、社区发展、慈善公益事业、开拓民间社会组织等诸多课题中去。

也记不得是哪年哪月哪天了，见李慎之所长时，他对我半开玩笑似地说：有人反映你"不务正业"（不好好研究美国）啊！若严格地说起来，确实如此。我上了"社会保障号"这条船，有干扰美国研究之嫌呀！我只好回答：感谢大家对我的关心，不过，我可从来没有离开过中国改革开放这艘大船独自航行呀！李慎之听罢就不再说什么了。

三十年一瞬间已经逝去。创建中国社会科学院美国研究所的老一辈科研人员都已垂垂老矣，一些人也已驾鹤西去。回首往事，尽管改革开放的事业时有起伏，能聊以自慰的是：在波涛汹涌、激动人心的中国改革开放年代，我也曾尽力而为。

2011年4月写作、2013年2月修改

【作者简介】朱传一，1949年毕业于上海圣约翰大学。中国社会科学院美国研究所研究员，曾任社会与文化研究室主任、中国社会科学院老

年科学研究中心副主任、东南亚研究所学术秘书。享受国家有特殊贡献津贴。曾任中华慈善总会研究与发展委员会主任、北京决策咨询中心副主任、副理事长、中国青少年发展基金会业务顾问、爱德基金会董事、中国人口福利基金会理事、中国儿童基金会理事，以及南开大学社会学系兼职教授等职。

在美国获富布莱特学术奖金（1982年、1984年）。曾在美国田纳西大学（1991年）、宾夕法尼亚大学（1990年）、南佛罗里达大学（1986年）、加州大学（伯克利，1987年）、布兰戴斯大学（1982年、1984年）、波士顿大学（1981年）任访问教授、访问学者。

曾任国外出版物《跨文化老年学杂志》、《老年学》编委会中国委员。

著作、文章、报告、编译内容涉及：中国非营利机构与第三部门、慈善公益事业、基金会、社会保障、老年退休政策制度、社区建设和社区服务、中国青少年教育、中国人口老龄化与家庭养老制度、变革时期的中国社会发展、国内外经济与社会协调发展等内容。

忧国忧民的中国知识分子
—— 李慎之

姚琮

　　李慎之，资深新闻人，著名国际问题专家，他以要求民主自由的言论出名。最出名的是他的言论遭到毛泽东点名。具体过程是，1956年发生了"波匈事件"，整个社会主义阵营为之震惊，毛泽东想到，他得到的有关消息是从"参考资料"里来的，就派秘书林克向新华社国际部王飞和李慎之了解看法，因为他们负责编写"参考资料"。两人大谈苏东问题，李慎之更进一步提出，当时的根本问题在于没有在革命胜利后建立起一个民主的制度，联系到中国，他认为"中国人民没有多少议政参政的权利，这是跟苏联模式学习的结果；中国必须实行大民主，即人民对国家大政方针有讨论的权利与自由，以免重蹈苏联的覆辙。"李慎之更提出"应当成立宪法法院，中学小学要设立公民课或宪法课，新中国每一个小公民都要清楚自己的权利和义务"等主张。

　　他的这番以天下为己任，天下兴亡，匹夫有责，充满为国为民担忧的肺腑之言，后果是什么？请参看《毛泽东选集》第五卷323页，其中有这么一段："有几位司局长一级的知识分子干部，主张要大民主，说小民主不过瘾……"这里讲的就是李慎之。接着，他就被打成极右分子，开除党籍，劳改教养。

　　李慎之1923年生在江苏无锡，2003年逝世在北京，他被誉为中国世纪之交思想领域的领军人物。他为了反专制，要自由民主而投身革命，参加了当时为反专制要自由民主而成立的中国共产党。自由和民主是他一生所追逐的目标，共产党掌权后，他没有变，仍然追逐这个目标，但是他没有想到，他所参加的这个党变了，反专制要自由民主不再是共产党的目标，而是打压的目标。再也不能容忍他的为自由和民主所发表的言论。反党反人民的右派帽子扣在他头上，折磨了他的一生。他被迫写的检讨书，认罪书，在他逝世后被他的儿子李三达编辑成了一本书，分上下两册在香港出版，《李慎之的检讨书，1957-1999，向党向人民请罪》。这本书成为有中国特色的检讨文化的第一手史料，一部在高压情况下，不得不违心而为的洗脑文化的结晶。我这里摘用一段李慎之在1965年11月12日在"关于服罪问题的检讨"一文中的检讨，这是李慎之先生的旧文，但他的思想内容却与当下中国的现实息息相关。这是李慎之在四十多年前所写的，他所担忧的事情，他的远见卓识，是他被定为极右分子的根据，不幸的是，他当时所担忧的事情，件件现在都变成了现实："我污蔑党的权力太大会使社会主义国家成为极权国家，由阶级专政成为一人专政，党会成为既得利益集团，社会主义社会会退化成为国家资本主义，我要求实行'大民主'，'全民的民主'，'直接民主'，社会主义的政权要归'全民所有'，希望开放'学术自由'，'新闻自由'，和'干部自由市场'。我希望党向资产阶级民主学习，效法资产阶级的三权分立，议会民主，文官制度"。

他本人1973年从劳改场所被调回北京，仍然戴着右派帽子，任新华社参编部翻译，校对。1979年才摘右派帽子，恢复党籍。1980年调中国社科院美国所任所长。1985年任中国社科院副院长，党组成员。1990年又因本性难移，在六四问题上发表了支持学生的发言，被免去社科院副院长、党组成员职务，1996年离休。

我和李慎之认识是在1980年，是他被恢复党籍，就任社科院美国研究所所长的第二年。当时他在筹组美国所的人员班子，新中国成立后第一任驻苏联临时代办的戈宝权是社科院苏东所的研究员，也是我在中国人民保卫世界和平委员会（当时简称"和大"）时共同接待外宾时认识的老朋友，向李慎之推荐了我。

我1948年从北京美国学校毕业，1952年从天主教的辅仁大学毕业后分配到外交部，同年北京召开保卫世界和平大会，我被借调到"和大"，接着，经过一段抗美援朝的生死考验后，复员转业又回到"和大"，是资中筠的同事。文革时我在"和大"被关、被斗，被打，耳鼓被打穿，顺着耳朵流血。文革后虽然平反，恢复工作，但仍然似乎是有什么事未了，我要求调工作（当时"和大"已改名对外友协），人事部门总是对我说，对外友协需要你带一带新翻译，而不愿放人。我心情不舒畅，忧郁得了膀胱癌，手术后在家疗养。这时戈宝权通知我，他已向李慎之推荐了我，李慎之那里希望我去。这是1980年的事。

我听后非常高兴，心里有了底气，赶紧找到人事部门提出，我现在虽然心情平静，没有什么，但是文革中打我的人还在我们单位，说不定哪一天我看见他，越看越有气，勾起他打我时的情景——文革时我是阶下囚，双手被两个人拉在后面，名之为"坐飞机"，不能还手，现在我是革命群众，看见他，气打不从一处来，怒火上来，也许会冲上前去打他一顿。人事部门赶紧说，别，别，你千万不能动手，你调工作的事，好商量。这时恰好社科院美国所来要人，我就这样顺利地调到了美国所。

李慎之是所长，我和他一见如故，相见恨晚，非常投机。由于我一直是做英文口语翻译工作的，所以到美国所来访的美国客人，一般都是我接待，这样，和我们美国所相类似的美国智库单位的访客，一般都和我打过交道，譬如说美国著名的智库兰德公司，布鲁金斯学会等。此外，还有许多美国的著名学者，如美国著名的未来学家，阿尔文·托夫勒（《第三次浪潮》的作者），也是通过我的邀请来华访问的（我是中国未来学会的理事，托夫勒是英籍作家韩素英向我推荐的）。奈斯比特是美国的未来学家，我把他的畅销著作《大趋势》译成了中文，卖了三百万册。他们了解到，虽然我一直做美国方面的工作，但我从来没有去过美国。这些单位和人士，不断来信邀请我访美。我把邀请函交给李慎之，但李慎之一直没有动静，我去问，他总是说，美国所需要你，不能走。我心里很清楚他为什么不放我走，因为我的家庭出身是资产阶级，从小读的外国学校（法国，英国，美国学校都读过），有国外社会关系，（姐夫是台湾孙立人的机要秘书，姐姐在美国大金融机构高盛集团任职），还有天主教的宗教背景。我曾经傻傻地，早在抗美援朝当兵的时候，也写过入党申请书，不被批准，政府对我不放心，还在我的档案里写了一条，"只准国内使用，不准出国"。这些我都清楚，共产党只是要我做驯服的工具，而且是要在控制下使用，李慎之要批准我出国是要担很大风险的。

有一次，1983年，我又收到邀请信，我把信交给李慎之时对他说，"这个地球上没有了谁，地球也照样转，我知道我档案里的那句话，'只准国内使用，不准出国'，你如果批准我出国，万一我不回来了，你一定受牵连，但是我是讲哥们儿义气的，你如放我走，我冲着你，我绝对不会不回来，不能害你为我吃挂落。"我说完这段话后，他沉默了下来，半天后抬起头来说："我非常欣赏你的坦率，我就是怕你不回来，因为我知道你档案里的这句话，我要是批准你出国，我是会受牵累的，但是我知道你在国外有亲属，你为什么不办探亲手续出国呢？现在探亲出国的很多，你探亲出去，将来不回来，与我无关。"我对他说，"我不是不考虑办探亲手续，我考虑过探亲，但是探亲是要自费的，我没有经费。美国的邀请，是美国出资的。"他接着就建议说，"你可以办探亲手续出国，但你还是可以接受他们的邀请，这样就两全其美了"。

我喜出望外，感谢他的指点，在他的这番启发下，就这样我接受了美国鲁斯基金会提供的机会（美国《时代》杂志创始人亨利·鲁斯办的基金会），接受做为鲁斯基金会学者的身份，1983年年底到美国威斯康辛大学做访问学者。我去后，留了下来，任经济学教授，讲授我写的一本书，《第三世界发展经济的策略》。我在美国呼吸到自由的空气，这是我人生中的一大转变，李慎之使这个转变成为可能，他是我的贵人，我怀着感恩的心情追悼他。

自从我留在美国后，一直没有和他联系，因为到底是他的帮助，我才能出国的，我不回去了，总是觉得会对他有所不利，共产党很善于抓小辫子，我不愿给他添麻烦。但我一直很关心他的现状。他也很关心我。我的美国所同事，著名翻译家董乐山来美国访问，李慎之还专门嘱咐他来我家看我。（董乐山是纽约著名作家董鼎山的弟弟）。我在美国所时，当时有三个搞英文的人，董乐山，梅绍武（梅兰芳的长子)和姚琮，因我们三人经常在一起，李慎之就戏称我们三人是美国所的"三剑客"。

自从我离开美国所之后，李慎之又从对外友协挖去了我的另外一个同事，资中筠，自从1952年在北京召开中国人民保卫世界和平大会时我就和她在一起工作。李慎之把她调去任美国所的所长。

六四事件发生的时候我已经在美国了，我的另外一个社科院的老朋友，也是社科院副院长的赵复三先生，当时是中国驻联合国教科文组织的首席代表，也因为在六四事件上说了实话，不得不流亡。北京当时的统一对外宣传口径是，"六四事件一个人没死"，而赵复三却在联合国大会上，对死难的学生表示哀悼，为了这件事，赵复三不得不流亡国外，和李慎之一样，也被罢免了社科院副院长的职务。资中筠，现在被人们尊称为资先生，她的政治态度，大家也很清楚，中国的这些知识分子，可敬可佩，明知这样做要冒很大风险，但是他们义无反顾，还是根据他们的良知，坚持正义。

【作者简介】

　　姚琮，1931年出生在上海。1948年北京美国学校毕业，1952年北京辅仁大学外文系毕业。历任外交部、和大、解放军、对外友协翻译。文革后任社科院美国所研究员。1983年来美任威斯康辛大学教授，教授自己写的《第三世界发展经济的策略》一书。美国亨利鲁斯学者，汇丰银行经济顾问，汇丰银行专栏作家。美国中西部石油公司顾问。美国中国商会信息中心主任。译著作30种。译《大趋势》销售300万册。现退休住纽约。

我心目中的慎之先生

张也白

　　我和李慎之先生初次相识是在1981年的夏天。记得那年他正在毛家湾筹建美国研究所。我应约前去与他晤面，商谈是否聘我去美国所工作。谈话很简单，也颇顺利，一次"面试"即算通过。自此，我开始进入美国所，在他直接领导下工作了近八年。后来他调任社科院副院长，见面就少了，但因他分管国际片，加上他对美国所感情深厚，办公室也仅是楼上楼下之隔，所以他还是经常会来所里走动，使我们之间仍不时有所接触。

　　慎之先生是一位性格十分鲜明的人。无需相处很长时间，他的特长和优点，当然也包括他的某些不足之处，即会让人印象深刻，难以忘怀。我是非常敬重和欣赏慎之先生的，心里不仅视他为领导，而且总是把他看做是我的老师，努力从他的为人和言行中学到东西，充实自己。正因如此，我总是看重和记着他的长处和优点，而常常忽略或谅解他的缺点和不足。在我看来，对一个有着如此突出优点的人，我们又何必那么在意他的短处呢。毕竟人无完人嘛。

　　我最敬佩慎之先生的是他那从不知疲倦的工作精神。他似乎在生活中并无多少其他爱好，整天只知道工作，在工作中几乎倾注了他所有的热情和劲头。工作就是他的兴趣和爱好，是他生活的全部，甚至可以说是他的"命根子"。记得一次他告诉我，一位中医说他的血太热，症状之一是皮肤上的红点。血热使他无法让自己处于平静或懒散状态，必须不断地工作，以此来消耗由此带来的巨大能量。且不说这位中医的话是否可信，可他表现出来的始终饱满的工作热情却是真实的。

我最欣赏慎之先生的是他的才华和能力。他毕业于著名的燕京学府，后曾在外交和传媒界工作多年，又在老一辈领导人身边经过历练，因此他不仅在中文、外语、历史和国际知识等方面功底深厚，而且学识渊博，眼界开阔，工作能力强，是一个见过世面的人。他头脑十分聪敏，又勤于思考，对事物，特别是对国内外的各种事情总有自己独到的见解。他在全所会议上讲话或与人交谈时常会语出惊人，让人有意想不到的感觉。他的才华和能力使他在国内和国际学术界得到广泛的赞誉。慎之先生是江苏无锡人。历史上无锡曾是出才子的地方，而慎之先生若被称做"江南才子"怕也并不为过。

慎之先生另一令我印象深刻之处是他那率直敢言的品格。无论是对人或对国内外事件，他总愿意直截了当地表达看法，不隐瞒自己的观点。作为一位领导，他不爱说套话，讲起话来喜欢开门见山，一针见血。说实在的，对他的大胆言论，有时我还真替他捏一把汗。他对人要求比较严格，对同事，对下属总是批评多于赞扬，说起话来不大讲情面，与人争论起来会扯大嗓门，甚至弄得面红耳赤。但只要是了解他的人，并不会过分在意，因为大家明白他无非是心直口快，肚里藏不住东西，有什么说什么，而对人却并无恶意。

如前所述，慎之先生性格鲜明，对工作充满热情，又极富才华，率直敢言。这种种特点十分可贵，也是他带给我们的财富，值得我们学习。但他毕竟是凡人，虽得到大家的敬重和欣赏，然而他的性格所带来的负面效果也不能不给我们留下些许遗憾。他工作充满活力，但作为领导，不能满脑子只是业务工作，而如何同时抓好其他事情，尤其在关心大家的生活方面则考虑较少。他在工作上对下属严，但关心体贴少。他对人批评多，而表扬鼓励少，还因此伤害过一些人。他总是急于表达自己的观点，但常常又不能冷静耐心听取别人的意见。特别要提到的是他率直敢言，但有时又不计后果。正是这一点使他在1957年遭受冤屈，并在1989年再次得到不公平的待遇。记得八九那年，一次他来到我办公室，我趁机劝说他几句。我对他说，"你的名字不是'慎之'吗，所以说话还是谨慎些为好"。可不料话刚一出口就惹火了他。他激动地说，"我为什么要谨慎，我就是不要谨慎"。而结果却是他为此付出了沉痛的代价。

慎之先生离开我们十年了。如果从他调离美国所算起，至今已有二十余年。在这二十多年里，美国所的领导换了一任又一任，美国所的人员一茬接一茬，美国所的工作发生了很大的变化。但我们毕竟是要"饮水思源"的。我们不能忘记慎之先生为美国所的创建所做出的巨大贡献。1980年代美国所的起步是颇为艰难，但又是十分成功的。那时慎之先生为美国所招募了一批有一定知名度的学者专家，又陆续引进了不少富有才华，且十分敬业的中青年研究人员，使美国所在当时成为国内美国问题研究方面最具实力的研究机构之一。慎之先生一直重视在所内贯彻正确的研究方针，强调学术性研究和对策性研究的相互结合，要求研究人员能静下心来研究美国的方方面面，踏踏实实地做学问，从而使美国所在对策和学术研究两方面都具备一定的优势。慎之先生也比较重视对科研人才的培养，每年都要争取名额，选派人员赴国外进修。我本人也得到慎之先生的关怀，早在1982年即获得机会，成为美国所第一个得到富布赖特奖学金的赴美访问学者。慎之先生对美国所的科研基础建设也很重视，我1982年赴哈佛大学任访问学者时，他即给我一个任务，要我为美国所收集图书资料。为此，我在波士顿地区走访了不少大学及波士顿市公共图书馆，并依靠当地的华人社团，为美国所募得了一批图书。由于慎之先生的重视，当时的美国所建立起了一个初具规模的图书馆和资料室，为所的研究工作创造了良好条件。

　　总之，对1980年代的美国所，我至今仍存有许多美好的回忆。慎之先生的领导和所有先驱者们的努力，为当时处于开创阶段的美国所打开了工作局面，在国内外学术界享有较高的声誉，也为美国所后来的发展打下了坚实的基础。

　　【作者简介】张也白，曾任美国研究所研究员、美国研究所外交研究室主任、美国研究所学术委员会委员、美国研究所专业技术职务评审委员会副主任、中华美国学会常务理事、国务院世界发展研究所特约研究员。

初创回忆

霍世亮

中国社会科学院美国研究所成立于1981年5月，今年美国所将迎来三十周年所庆。在这个纪念的日子里，作为最早参加美国所工作的一个老同志，我在脑海中搜寻到了关于建所初期的一些点滴回忆，记述如下。

我从1981年6月至1993年12月在美国所工作12年，其后在中国社会科学院研究生院负责国际研究学部的工作3年，1996年从美国研究所退休。回顾自己的一生，我感到有两段工作经历最值得怀念。第一段经历是1950年夏我从天津南开中学高二年级毕业时，组织上调我离校参加革命工作后的几年。第二段经历就是从1981-1985年间在美国研究所创建初期的工作经历。当时李慎之同志被任命为第一任所长、分党组组长，吴展同志和李寿祺同志任副所长。1985年，李慎之出任中国社会科学院副院长。这段时间中，我印象最深刻的有以下一些事。

在中国社会科学院国际研究学部现有的各个研究所中，初创时一无所有，完全白手起家的研究所只有两家：美国所和日本所。凑巧的是，这两个研究所的筹建负责人李慎之和何方两人早在1954年日内瓦会议期间就相识了，是彼此非常熟悉、相知的老同志。1981年的时候，他们俩同在北京毛家湾的一处四合院内办公，朝夕相处，就筹建研究所的各种事宜交换意见、制定实施方案。1981年6月的一天，李寿祺同志电话通知我说李慎之同志要见我。我按时赴约，在毛家湾第一次见到了李慎之。慎之同志先对我介绍了情况。他说，美国所和日本所已经成立，但是目前只有所名，连所址都没有。两个研究所从成立的那一刻起，就在一起办公。现在已从全国总工会的干校找了几间屋子，当作两个研究所的临时场所，而他与何方同志只能在毛家湾和全总干校之间来回奔波。我向慎之同志谈了我的工作经历、家庭情况以及调到美国所工作的想法，并表示：虽然我是个做研究工作的新兵，但一定会刻苦努力，自己也有信心。如达不到要求，将主动请求调离，唯一愿望是不担任行政性职务。慎之同志听后笑了，说你的想法我知道了，会考虑的。现在美国所、日本所还正在为建所奋战呢，你现在就到全总干校那边和大家一起忙吧。谈话结束我刚要离开时，从外边进来一个人，慎之同志向我介绍说：这是何方同志。何方同志见到我后立即关心地询问了我哥哥霍世章和嫂子庞文华的情况。原来，1938-1939年间他们都同在延安抗日军政大学学习和工作。

慎之同志同我谈话后，我于6月25日到全总干校美国研究所的临时场所报到上班。由于美国所和日本所两个单位的人在一起上班，所以地方显得拥挤。从1981年下半年到1982年的一年多时间里，两个所一起搬家三次：从全总干校搬到西苑饭店老楼，再转移到解放军装甲兵招待所，然后迁入张自忠路3号东院。后来，在建国门社科院总部大楼落成后，美国研究所搬入它的13层，日本所则仍留在张自忠路。至此，这两个研究所总算安了家。在将近两年的时间里，两个研究所其实是一个共同体：实行一样的上下班制度，每周上班6天，每个星期三、五的上午为两所共同的吹风、学习时间；两位所长讲话、传达文件时，两所的同志一起开会、分组讨论。大家平时不分彼此，团结互助。1982年初，美国所的副所长兼临时党支部书记李寿祺同志即将赴美进行半年多的研究考察，他和慎之同志要求我代理临时党支部书记的职务。1982年国庆节之前成立了美国所的正式党支部，我任书记，副书记是孙暄同志，支部委员是田德隆同志，凡事三人一起研究决策。慎之同志对我们有过交代，即他与何方同志商定，每当慎之同志不在所里时，请何方同志代管一下美国所，支部严格地照此执行了。每当我们按照何方同志的意见工作后，也都及时把情况汇报给慎之同志。回想起这些事，我总是深深地感到党组织中同志间的团结、理解、相互支持、共同奋斗的力量和意义。

在美国所的机构设置上，建所之初只设立了外交组、社会文化组、图书资料组和办公室。直到1985年12月9日，所领导才在全所大会上宣布美国外交、美国经济、美国政治和美国社会文化四个研究室正式成立，同时任命了各个研究室的正、副主任。

建所之初，要做的工作可谓千头万绪，大家非常忙碌。我体会到，作为首任所长的李慎之是一位朴素真诚、胸襟开阔、淡泊名利、追求奉献的老同志，也是一位才思敏捷、勤于探索的学者。他对工作有着高度的责任心，对工作要求极为严格。他认为美国研究所长的职责是将他的全部时间与精力无保留地投入到美国所的创建工作中，全力以赴把这个所建设好、治理好。他曾谈到过他自己对东西方文化比较研究感兴趣，但在他任所长期间，他把个人的研究兴趣完全搁置到一旁。

慎之所长对美国所进人的标准是严格掌握的。以我自己为例，过去我没有做过研究，我提出希望从事研究工作后，慎之所长说他要对我进行测试后才会做出决定。我1981年6月来所报到，10月份他就要求我写第一篇文章。经他同意，我选择写《一年来里根政府对华政策》，同年12月完稿后交慎之同志，他看过后表示满意，遂刊发于所内的《美国研究参考资料》第27期。接着，他要求我写一篇当时美国热议的关于"中国因素"的文章，并当场交代标题就叫《"中国因素"乎？"中国牌"乎？》，这第二篇文章写好并经慎之同志看过后刊发在《美国研究参考资料》第46期。接着，慎之同志交给我一份美国著名中国问题专家鲍大可（Arthur Doak Barnett, 1921-1999)写的研究报告，要我写一篇介绍文章。我研读后写出了《（美）鲍大可：美国武器出售：中国大陆、台湾纠葛》一文，慎之同志阅后嘱交《美国研究参考资料》分两期刊发，后来此文被新华社《参考资料》1982年8月29日第19546期转载。直到这时慎之同志才对我说，祝贺你，你已经开始入门了，这样一篇一篇地写下去吧！正是由于他对我的严格要求与指导，我才能在研究上有所收获。今天，慎之同志已经离去，我也已经退休多年，但他对我的帮助我是一直铭记在心的。

在办所方针上，李慎之同志的看法是：既不能把美国研究所办成党政机关，又不能把它办成单纯的学术单位。他主张：为了对美国进行全面研究，应当把美国所办成一个综合性的所。要了解美国的文化、文明，而不是就事论事，这样对美国的认识才能深刻。所以，研究的范围应当包括美国的经济、政治、外交、社会文化、军事等方面。当时没有成立美国军事研究室，对美国军事问题的研究放在了美国外交研究室内。实际上，张静怡、蒋正豪、吴展等同志研究美国军事问题的成果受到了我国有关部门的重视，这证明了这个领域研究工作的重要性和意义。此后，有几位所里自己培养的研究生和调进的同志陆续加强了这方面的研究工作。

慎之同志还主张将研究美国科学技术的发展纳入美国所的研究范围，并曾要我专门去科技部门了解一下，有无可能调来几位合适的同志专门从事这方面的研究。现在回头看去，我认为慎之同志的这个考虑是具有长远战略眼光的。美国在世界科学技术史上是具备强大实力和发展潜力的国家，深入研究美国科学技术的发展，了解其战略和方向，有助于我们从中获得启发，借鉴经验，更快地推进我国现代化建设的事业。可惜，当时大家对此项研究的重要意义认识不足，未能做出相应的决策，错过了历史机遇。试想，如果三十年前美国所就落实慎之同志的设想，着手建立研究美国科学技术发展的队伍，那么我们的研究成果无疑能为党中央和国务院提供重要参考。每当忆及这件事，我都感到是个很大的遗憾。今天看来，这仍然是一项很重要的研究工作，希望美国所能采取措施，切实加强对美国科学技术发展问题的研究。

李慎之同志认为，美国所的研究应该有重点。他曾说过，对美国外交的研究应该成为重点，不过他也强调，实际上对美国经济的研究更为重要。我认为，他对我1982年9月提交的赴美研究进修计划所做的批示，其内容也是对全所同志的希望。他写道：极重要的是要弄清美方一切不利于中美关系的论点，找出一套驳斥这种论点、因而有利于说服美国人民发展中美关系的论点。美国所刚刚成立时，缺乏了解美国的研究人员。李慎之所长为了提高大家的研究水平，宁肯让当时的研究工作暂时受一些影响，也要抓住各种机会，通过各种渠道，在1982年下半年到1983年初，陆续选派八位同志到美国不同的学术和研究机构进行为期一年的研究与进修。他们在美国都收获颇丰，在完成了研究和进修计划后均如期返所。这项工作有效提高了大家的研究水平，为后来设立的研究室准备了一批业务骨干。从1985年起，李慎之所长开始抓美国所招收和培养硕士研究生的工作。1985-1986学年的第一学期，所里在中国社科院研究生院的美国研究系开设了三门必修课：美国经济(54学时)由陈宝森同志讲授；美国外交(40学时)由张也白同志讲授；中美关系史(48学时)由我讲授。除了这些必修课外，研究生们还经常到所里由各自的导师面对面地教授专业课程。此后，美国所又有多位同志在研究生院开设课程，研究生的人数也不断增加。

总之，在美国研究所创建的头几年中，在所长李慎之同志的领导下和全所同志的共同努力下，美国所初具规模，为后来的发展奠定了较好的基础。在美国所庆祝成立三十周年的日子里，我衷心祝贺美国所三十岁生日快乐！祝愿美国所今后有更好的发展，为国家做出更多的贡献！

2011年

【作者简介】霍世亮，曾任中国社会科学院美国研究所党支部书记，并曾在社科院研究生院教授培养硕士研究生的工作。

历经坎坷，仍坚持理想的人

——李慎之所长

贾蔼美

　　我于上世纪八十年代进入社科院美国所。当时的所长是李慎之。在面试时，他对我宣布了美国所对干部的"三无政策"，即无住房，无职称指标，无出国机会可提供给职工。意思是如果对进美国所有什么物质企图，就不要来了。到了美国所，我一个突出的感觉是所里的学术思想活跃，自由发表意见的气氛浓厚。所长参加各研究室的学术讨论，带头发表独特的见解，启发大家争论。和我以前所在单位那种开会说些浪费时间的空话很不相同。当然，身为领导，他也不得不注意避免大家说些与当时的主流思想唱反调的言论。记得他曾说过，"只要不是铅字打在白纸上，你们都可以畅所欲言。"

　　美国所成立于上世纪八十年代初，正值改革开放初期，由于"文革"的一场灾难，使老一辈的知识分子备受迫害，青年一代未能受到完整的教育，因此当时科研人才出现断档，要物色合格的研究人员十分不易。在这种情况下，加上可能是由于李慎之那个时代所处的环境和他坎坷的经历，使他未能充分发挥自己的才能，实现自己的理想，因此他出任所长后，十分重视对有天赋的青年的培养。1980年代进入美国所的一批年轻人，或多或少由于"文革"的影响而未能受到系统的正规教育，因此文化基础都有不足之处。李慎之花费了大量精力帮助他们做文字上的修改，启发他们的思路，为他们提供参考资料。他对他们进行批评时在言词上往往偏于尖刻犀利，使人十分狼狈，常常被他说得面红耳赤，感到无地自容。记得一位年轻同事曾说过，"李慎之对我们的短处就好像如果谁头上长个疖子，他就一定要把脓给挤出来。"但是所内年轻人大都能感受到他的热情关怀，对他佩服得五体投地。曾有一位在社科院读研究生的年轻人，由于她的论文不符合当时所谓的"马克思主义的正统观点"，她的导师就多次对她的论文不予通过。后来李慎之看了她的论文，认为很有创意，决定接受她到美国所来。李慎之曾谦虚地说"我不是学者，我没有发表过专著"。这也从一个方面说明他牺牲了许多本来可以致力于学术著作的时间来用于培养年轻一代。

在他提倡的方针下，我所在的美国社会问题研究室的学术气氛也很宽松。室主任朱传一同志十分注意发挥室里研究人员的团队作用，发现每个成员的特长，帮助他们发展自己的长处。通常，研究室的特点是各自的工作相对独立，各级领导不像一般机构那样分派任务和提供条件。朱传一同志虽然本身负担着繁重的科研任务，但仍抽出力量为室里的同志创造条件。我去美国所以前，不曾在学术机构工作过，所以不能很快进入角色，而他带领我们室里的几位人员通过他在民政系统的关系和在美国的威望，去中国和美国各地就社会问题进行考察，以便对中美两国的社会进行比较研究。

对李慎之的更深刻的认识是看了他晚年所写的文章之后。他的文章说出了那个时代中国革命的知识分子的心声。当时的中国正处于水深火热之中，许多热血青年向往民主和自由，他们曾不遗余力地为实现中国的富强努力奋斗过，经过了半个世纪的坎坷和波折，终于认识到要建设一个现代化的民主自由的国家，不是一代人能完成的，而是要靠几代人的不懈努力，才能实现。我想李慎之所代表的一批革命先驱已经尽到了他们的力量，相信当前和今后的年轻人，在他们的影响下，会继续奋斗去完成他们的理想。

李慎之离开我们已经十年了。他是我最敬佩的一位领导。

谨以此小文表示我对他的敬意。

2013年

【作者简介】贾蔼美，1979年进入中国社会科学院美国研究所社会研究室。1990年退休。副译审，主要研究社会福利问题，重点是老年福利方面。

时代变了

——忆李慎之

万青

　　我为什么用这个标题？我撰写此文时是2016年，6月26日。6月26日，对我来说，是我1946年参加中原突围的第一天。尔后，知道6月26日，还是联合国成立的日子，不过，那是1945年，从七十年前到七十年后，时代已经完全不同了。李慎之去世时刚进入21世纪不久，那是2003年，现在是2016年，与李的那个时代又不同了。"时代"的定义是什么？是以划时代的特大事件，划时代的领袖人物来划不同时代？如是，确实是时代不同了，时代变了！

　　我总是以李慎之同志来称呼他，我对他是尊敬的，而他总是叫我万青，这种对我的亲切称呼直到他去世。他叫万青最响亮的一次是在新建的大楼走廊里，"万青，有你的电话。"当时我的朋友打电话打到图书资料组，而我已调到外交研究室，李还批评在坐的人为什么不叫我去接电话。这就是李慎之！现在，此时，我在美国新泽西州普林斯顿大学附近大儿子万方家住。1992年我第一次来美国就住在这里。那时，新老朋友对我说："你终于来了！"没想到这二十几年间，有的新老朋友已去世了！前几次我从美国回国时，李见到我总要问一声"看儿子去啦"。如今再也听不到这么亲切的声音。

一　初识李慎之

记得，大约是在毛家湾第一次见到李慎之同志。

毛家湾，那曾是神秘的地方，我竟有机会也进了毛家湾，竟有机会认识了李慎之，竟有机会站在时任社科院副院长宦乡的旁边，宦乡坐车要离去时要我坐他的车，施谷同志拉住了我，李慎之是看见的。当时是宦乡，施谷，我，还有什么人我记不得了。那是一次临时的聚会。我就是在这一次临时性的聚会中认识了李慎之。当时李慎之看上去还是中年人的样子，满头乌发，皮肤白净，一副黑框眼镜更衬托他的文质彬彬。我俩还单独聊了不短的时间，越谈越来劲。他发现他到过的地方，除延安我未去外，差不多我都去了，而且他认识的人有的我也认识，但我未和他说我认识的人，怕以此来抬高自己。在抗战时期，李慎之虽是在成都的燕京大学读书，但他投身学生运动。当时的学生并不了解自己所处的优越地位还常闹学生运动：一闹政府抗战不力，学生从军，政府劝阻，考虑到战后要重用。二闹要革命，而当时的所谓进步青年多是闹革命的，李慎之是属于闹革命的。我属二者都有。为什么这么说？李的经历说明他在那时是属于中共南方局，他进重庆《新华日报》工作，那里不是说进就能进的，那是公开挂牌的中共机关报。我想，我在江西、广西柳州桂林等地认识的一些人包括刘复之等也属南方局，说不定李慎之在那时也认识刘复之等人。

二　所长李慎之

谁来宣布李慎之是美国研究所所长？记得谁也没有来宣布。就我所知，他是领命前来的，有点像打游击战那样，只要有人带头，一个村、一个乡的游击战就打起来了。李慎之到来时，还是有几个"散兵游勇"的，他称之为"史前人物"，我就是史前人物中的一个，而且是第一个。1977年，中国社会科学院成立。1978年，筹备成立世界政治研究所，我赶上了。当时，所内领导给了我一个口头聘书：所内学术秘书，结果我是打杂的，从订购图书到考试人员，筹备内刊《世界政治》，翻译文章，我都得做。我没有想到的是，我竟是四门外语考试（英，俄，法，西班牙语）的考官。俄文比我好的人有很多，如王继飞（王一飞烈士的儿子），赵绮莲（赵毓敏的女儿）等，他们有的生长在苏联，有的在苏联留学多年。这是我第二次当考官。第一次当考官是1948年在沈阳，沈阳刚解放时有许多青年投考东北书店总店。当时的东北书店总店出版发行四省（包括热河省），需要大批人才。相隔三十年后的1978年，我又轮上了一次，我很高兴。须知，联合国最早使用的就是这四门语言，我打从那时起，给自己设立了一个目标，我要学会这四门语言。期间我还曾学过日语，为的是查《露和字典》。我原以为世界政治研究所要研究全世界的政治、政府，作比较研究。我就想做这方面的比较研究。此前，我研究过苏联东欧，顺便研究西欧。这是五十年代，到了六十年代初，我在拉丁美洲研究所工作，当然我也研究北美。五十年代我在中国作家协会编《外国文学参考资料》时，可谓编译过全世界各国的文学，尽管偏重亚非拉。

当我正想朝世界各国政治制度，各国政府方向作比较研究时，宦乡向我们宣布：世界政治研究所作为一只大母鸡，要下几个蛋，如美国研究所、日本研究所、亚太研究所等。说到做到，世政所的所有人员可以选择。不过，先成立美国研究组。母鸡下蛋就是一个一个的下。奇怪的是，竟没有一个人报名。为什么没有？因为在没有三人成组以前，参与的人并不能坐下来搞研究，而是要打杂、做一般的行政杂事，简言之，勤杂工，部队叫勤务员。这当然没有人愿意。另外，进美国研究组自然英文要好，而世政所的人多精于俄语。只有我愿意而且乐意。世政所的学术秘书，有些是经我考进来的人，其中一个见我做这些事如打开水，打扫卫生等，也就早早地做了。不久来了第二位，名叫曹線之，是来自外交部的驻外使馆文化参赞，可惜因文革被批斗得一身是病，我叫他暂时不要上班，留在家里好好休息治病。接着第三位是李道揆。他从全国总工会来，四十年代曾留学美国。我们三人为组了，我就不再做杂事。几乎同时又来了俞元开、朱传一。这时，总得有一个召集人，我就被指派成了最早的美国研究组的召集人。有一次，朱传一到我家说他有任务去美国，我说那是好事。不久，李道揆也被派往菲律宾开学术会议，接着来了张静怡，他来自总参二部，不久被派往英国。黄麒来的背景我不太清楚，好像在公安系统做翻译的，先说要不要考一下，我建议说他这么大年纪就免了吧。这些人都是1949年前的大学毕业生，英文很好，尽管荒废了几十年。最后是两个年轻人刘天舒，高振亚。李晖是在世政所的，比较早，但开始他不属于美国组，是在美国所成立时过来的。邓林也是在那个最初阶段来的。当时号称有九人的世界政治研究所美国研究组成了美国研究所的基础人员，李慎之戏称"史前人物"。

李慎之是美国研究所的负责人，并未说是所长，但实际上就是所长。两位副所长是稍后才来的。筹备过程中最早成立三个组，一个是外事组，李道揆负责，一个编译组，董乐山负责，一个图书资料组，我负责。从这三个组慢慢发展为室。办公室也是稍后成立的，最早是和日本研究所成立时共用一个办公室的，有时甚至两所人员开会都在一起。两个所同志之间很亲密，这与何方、李慎之领导有方是分不开的。就我负责图书资料组工作，李慎之先后和我谈了几次话，特别强调此工作的重要性。开始我不愿意，不是我轻视此工作，而是我太想坐冷板凳做些研究工作，我的年纪已经不轻，还能干几年。但他别无选择。他说，只要我把图书资料组的架子搭起来后我就可以到研究室专门搞研究。原以为几个月就可以，结果是整整干了两年。这两年，我和几位年轻人刘天舒、韦聪、于其峰、张振亚等滚爬在一起，不仅把图书资料组的架子撑起来了而且使之初具规模，以至外所的研究人员也前来参观借阅，称赞不已。李慎之的想法是不仅把图书组变成馆，变成社科院有特色的图书馆，而且要变成全国最有权威和实力的有关美国的综合图书馆。这是何等魄力。如果每个单位都有像他这种负责和开创性的人物，我们国家会建设得更好。

三　强将手下无弱兵

我在什么情况下向李慎之说了一句"强将手下无弱兵"？有一次开全所会议，李慎之先说了几句话，大意是为了把美国所办得好一些，要大家提些意见，对他也可以提出批评。这种真诚的批评和自我批评太少见了，而且李慎之的管理方法似无为而治，相信大家，让大家发挥各自的才华。李很少开全所会议，讲什么话，更听不到他打官腔，据此，我脱口而出："强将手下无弱兵，但我除外，我是弱兵。"没想到我这句话引起不小的反响。李慎之说："万青是我们美国研究所第一个翻译出版美国书的人。"李慎之自己也讲到美国所是一个什么样的研究所，他说过"史前人物"，"三剑客"，"五上将"等。李慎之幽默，毕竟是旧知识分子旧品性，愁与喜兼而有之。其实不要说是研究人员，就是图书资料室的年轻人也几乎个个有才能，无论是后来在国内和国外。

我曾问过李，美国这么大的国家，美国所却这么小，编制限定六十人左右，还要全面综合地研究美国，这怎么可能？我说，你不是可以通天吗，为什么不多争取一些名额？他笑一笑，没有回答。我又问，听说，邓大人常要你去谈天下大事和美国，可美国是大事，而邓又特别重视美国。你的参谋管用吗？他没有正面回答我，但他不否认邓的邀请，他也不否认胡乔木曾建议中共中央对外宣传小组由李慎之担任组长，我也就此问过他，感谢他看得起我，为此和我交换过看法。我记得那还是在装甲兵招待所的时候，我俩排队一前一后买饭时谈到，旁边的同志也许听到我俩谈论。他当时说不想去，还征求我的意见，我说不去也好，因为把那样的大关他是把不了的，还不如把美国所这么个小关，他可以说了算数。他认为我的看法合他的意。当然，我俩聊的还不只是这些。他那时仍住新华社宿舍，后来美国所搬到西苑饭店，下班时他多是徒步回家。我在所内多少负点责，下班也晚，所以我俩一路聊的机会还不少。他聊的不是美国而是中国，是中国的历史和古代中国的文化。我佩服他知识渊博。我曾给他开玩笑说，你这样和我聊不是浪费时间吗？为什么和我们排队吃大灶，你蛮可以吃小灶，而且还可以吃特灶，坐专车，这么徒步往返多辛苦。他说他乐意。他对我说，他原想把美国所办成"一百零二将"，看来不可能了。是的，如果他当上了那个正部级的对外宣传小组的组长，或许他有权提升美国研究所。我说，要是那样我们沾你的光都沾不上，他又哈哈一笑，也是苦笑。文化，中国文化，美国文化，他非常感慨！他甚至问我，说我到过不少地方，尤其在战时陪都重庆，人们的思想就像抗战烽火那样燃烧活跃，为什么后来就没有了？！

四　李慎之要我做一件事

当我把图书资料组负责地做到他认为满意时，我人还在图书资料组，但心却恨不得早一天离开。正好这时邓林来负责了。但是我没想到的是，李慎之又交给我一个新任务，他说，他想成立一个出版社，专门出美国的书。他想了很久，从未对人说过，要我保密，不要对任何人说。他之所以找我商量，是因为他相信我会有办法促成。他要我去找出版界、特别是找到管出版的机构领导人面谈，探听一下有无可能，有可能就进行，无可能事情也就到此为止。我一听特别高兴，美国所自己有一个出版社这就全了，我满口答应。

我未打电话也未预约，直奔我的战友又是同学——许力以的家，他的夫人也是我的同学和战友。正好他俩都在家，我这个不速之客倒受到欢迎。因为文革后大家都忙很难见一次面。我就直说来意。没想他俩比我还高兴，连说李慎之的主意高明。许力以则当即表态此事可进行，要美国所抓紧时间提出书面申请。许力以当时任国务院出版局局长，是我在中原解放区民主建国大学的同学，也是跟我前后从重庆出来的。自1949年后，劫后余生，能有机会见见面，是人生的一件快事，他们留我吃饭，感叹而又感奋一番。席间大谈国事而不是莫谈国事，仍是当年的热心民主建国。

回到所里，我对李说了，他没想到我把事情办得这么快，自然高兴，又要我暂时保密，关于书面申请他要好好想想，这事我就不用管了。不久，我就被指定进外交研究室专门做研究工作。外交研究室，内传外传有点神秘，就像人们说社科院的大门难进，美国所的小门更不易进。外交室是李慎之尤为重视的一个研究室，在其他的研究室他高谈阔论，在外交研究室更为大胆，如，他谈到为什么要改国号等。这是多么敏感的话题！我到外交研究室工作不是我的理想，我倒是愿意到政治研究室研究美国的政治。我在世界政治研究所就是研究美国政治，李慎之说我翻译的那本书就是《美国政治》。我对美国文化、文学感兴趣，在五十年代的中国作家协会工作过。如果李慎之当时让我选择的话，第一个是社会文化室，我更愿意和董乐山、施咸荣、梅绍武等穷聊。姚琮也是爱和我聊的，但那时好像还未成立社会文化研究室，姚琮还不属于哪个室他就去美国了。到如今我还和姚琮保持联系。我做了一段时间的美国大事记，登在几期刚创办的《美国研究参考资料》上。翻译了一两篇英文的文章，我记得其中有一篇是比亚勒写的，李慎之很看重他。文章比较长，他先让温洋校对，然后他又校对一遍，有的白话文他改为应用文。他文笔老练又不失活泼，不愧为编《大参考》的大编辑。我还翻译了俄文的。李慎之还对我说，想把潘培新请来。老潘是我的好友，他是李在重庆《新华日报》的同事，1949年后一直在情报研究所后为文献研究中心工作，是位老研究员。李的意思是要我俩从苏联科学院美国加拿大研究所办的杂志上挑些可译的放到《美国研究参考资料》上，可见李要我做的工作不止一件。李是一心想把美国研究所办成不是独此一家而是富有竞争性的机构，只有竞争美国所才能前进。实际上，由于基础打得结实，到现在，美国研究所仍具优越性、权威性。要是再成立一个出版社，那是什么劲头，成"一条龙"！

关于出版社的事已过去一两年了，我几乎把它忘了。为什么没有了下文，我后来一琢磨，美国所能否在社科院存在还一度成了问题。因为经历的事不少，我没法按前后顺序写，如果那样写比我现在写的还要长。是怎么回事？新任中国社科院院长马洪，有一次在全院干部会议上讲话，谈到美国所、日本所等这样的国别研究所不一定设在社科院内，可以放到大学。这一下，弄得李慎之很紧张，他关起门来，把听过报告的人召集在一起，开了一个小会，要大家不要把马洪的话往外传，要不，美国所就招不到人才了。他对美国所真的情有独钟。美国所是否设在社科院都一度成了问题，要想搞个出版社更是不可能的，那只是李慎之和我，还有我的战友许力以夫妇美好的愿望。但从此看出，美国研究以及中美关系如何发展，一直是李慎之日夜思考的头等大事。

五 李慎之的"土"与"洋"

李慎之看得上我，主动地对我谈到他的"土"与"洋"，可惜我当时虽未把他几次大谈"土"记下来，但今天还是记得一些。他说他是"土"的，说副所长李寿祺是"洋"的，说李寿祺的哥哥那时是上海市的外办主任。他还举了些例子。他说，无锡虽也是个工商业重镇，出了一些各方面人才，实际上，不少是向上海学来的。李寿祺是上海人，他是无锡人，还是有差别的，说话都是有差别的。这使我想起"十里洋场"上海，在解放前可谓是什么都是洋的，谁要是到过上海，谈起来眉飞色舞，自豪得很。我是江西人，从小就梦想能到上海看看。那时与上海齐名的还有天津、武汉、广州、青岛，但那离我太远了。北平，是听说过的，我认为那是古都，与古老有关，没听人谈它是洋气的。李慎之谈到 "土包子"、"洋包子"互学互换的例子和问题，很精彩，这里不说。总之，"土包子"一直吃香，地位高。党的历史上有过"洋包子"、"土包子"，现在仍然如此。

有的大学校长不识繁体字，常念错别字。

从他谈论"土"，我才明白他是"土"在看线装书。他告诉我，他家里有不少的线装书，使他神往。他孜孜不倦地学，一本一本地看，不懂的字句、词汇、典故，就查字典、辞海、记卡片。他说，要记上一万张卡片才算有点学问，他说，他何止记一万张卡片。我说，你记一万张卡片时我一张也未记，不懂得记卡片，只知死记硬背，很晚才知记卡片，看来学习方法也很重要。他说，记卡片手脑并用，可一举多得。难怪他出口成章，下笔有神。

关于"洋"的方面，他好像也谈到一点他自己，我记不住了。李，在"洋"的方面，自然是看了不少 "洋装书"。"线装书"、"洋装书"，他学贯东西。

六 李慎之的全球化观

"全球化"的概念是怎样传到中国的？中国又是谁先宣传全球化的？往往没有人去了解。中国有些人习惯了"拿来主义"、"外为中用"，不过也是要冒险的。"拿"得对，"用"得好，很多人就跟着来，还要发挥，既扬名又有利。反之，则打头的人不是挨批评就是受嘲笑。我讲的还是上个世纪改革开放的时代，批判、嘲笑一番是轻的，还不至于扣大帽，抓起来。记得那时中国改革开放的大门刚打开，才知道外边的世界真精彩。声光电化的各种科技不用说，就是学术，也是一个趋势又一个趋势，一个浪潮又一个浪潮，一个冲突又一个冲突……这大千世界，万象更新，让我们看花了眼，真是刘姥姥进大观园。

我认为，美国研究所是勇敢地迎接了这种趋势和浪潮的，甚至可以说，迎接了当时被认为是反马克思主义的"自由主义"浪潮。《第三次浪潮》是美国工人作家托夫勒写的，就曾被认为是反马克思主义，提倡自由主义的。美国研究所设法请托夫勒来做报告。我听得入神，张毅等还提了问题。听说，请托夫勒，姚琮起了很大的作用，因而他最早受到外界的攻击，但在所内风平浪静。大概是李慎之还让他和所内一些人翻译了《大趋势》一书。别忘了，反资产阶级自由化是在1983年、1984年进入高潮。托夫勒来做《第三次浪潮》的报告正是在1983年。托夫勒是"未来学"的提倡者，我国有些学者也感兴趣，筹建"未来学"

民间研究机构，有朋友找过我，因为我对国外社会科学很感兴趣，曾编译两篇文章在《国外社会科学手册》上发表。该手册由社科院情报研究中心主编，1984年江苏人民出版社出版，是一本很有价值的工具参考书。年轻的王沪宁也在该书上有两篇编译文章。我听王易今说，能在该书上编译两篇文章的人不多，而且找编译者不是你精通外语就可以，还必须对所编译的国家或地区要有研究甚至要有著、译文章发表过，是很严谨的，因为是工具书，所以编译者还要把参考阅读的外文书加以附注。王易今同志今年一百零六岁。听说一百岁时曾在电视上讲过话。2014、2015年我回北京时去看过他。今年我从美国打电话向他问好，他的家人说他已住医院，但愿他更长寿。王易今同志是该手册的发起人之一，也是编委之一。他认识李慎之，说李慎之同志去世得太早，他还说，李慎之同志是有世界眼光的，是有创新精神的，美国研究所在他领导下确实有一些创新。美国研究所就是中国的首创，还有《美国研究参考资料》、《美国研究》、社科院研究生院美国系、中华美国学会等。正因为李是早年的新闻界人物，有世界眼光，对"全球化"，他自然从英语资料知道得最早，而且动笔最早。我孤陋寡闻，就我所知，在中国大陆公开刊物（商务印书馆办的一个文化杂志）上发表"全球化"文章的作者他若不是第一个，也是最早当中的一个，时间是1994年。因为"全球化"这一趋势也好，这一学科也好，最早出现在美国。美国是有所发现，有所发明，有所前进的国家。我把《毛主席语录》这句话用到美国不知是否合适。上个世纪八十年代初，那一场资本主义"垂而不死"的论战，我当时认为，美国不仅没有"垂"，它还在发展。当时我还没有到"百闻不如一见"的美国，当我一见、再见，走遍了美国，住下来细思美国，白天从飞机上看美国，绿色的海洋，夜间从飞机上看美国，处处繁星万点。再看美国人，见了陌生人就亲切打招呼。买东西不用看单据，人们之间就那么互信，他们的常用语是"Trust the people"，我们的常用语是"Serve the people"。谁做的怎么样？答案很清楚。美国最大的问题是"公开性"，太公开了，公开到私人可持枪到公共场合。无奈美国宪法规定私人拥有枪支权利。看来这一权利将来会修改。美国的毛病也很多，来自全球人，因而"全球化"最早出现在美国很正常。

关于全球化的意义，就像我们中国人刚刚接触"亚太"、"第三次浪潮"那样：凡有点知识的人都知道"全球化"，但真正理解的人不多，要说有所研究的那就是凤毛麟角。李甚至对"全球化"的理解，多是从文化、历史的角度来看待的，而不是有些人理解的那样"经济全球化""政治多极化"。一个国家、一个区域的形成，首先是文化历史。有了区域化的形成才有世界性、全球化的形成。上个世纪下半个世纪，中国大陆很多人不知"亚太"这个概念。其实，1946年，在上海就召开过最早的"亚太理事会"。我想，李是知道的，他正好那一年从上海飞延安，而我从解放区潜入上海。那时的上海市是能和纽约比的，凡是世界上发生的事，在上海没有不知道的，各种媒体争先恐后地报导，报导的渠道也多。有官方的、有民间的，还有世界各国驻沪机构。李在那时就有了世界眼光，再后又在五六十年代随着周总理出访，七十年代末又陪邓小平出访美国，后又多次出访美国，他主张的民主、自由，再一次、多次地得到印证。因此对于有人认为的"全球化就是美国化"，他说，有什么不好，恐怕还做不到。他的文章，我读到的不多，但他的笔下往往语出惊人。用现在的话讲，"敢讲真话"。对"敢讲真话"这句话，我特别的难过。1949年前，好像没有这个词汇，也没有听人口头说过。其实，他是一位真正的爱国主义者，他特别强调人格和国格而且说到做到，不像现在有些人口是心非。我听他说过一句英语：Honesty is the best policy。意思是："诚实为上策"。平时很难听到他讲英语。

七 李慎之到访寒舍

我忘了是哪年哪月哪日，听敲门声，我就去开门，见李慎之同志立于柴门，未等我说请就跨步进来了。李慎之是很有尊严的人。尊严，是做人的人格表现。我很尊重有人格的人，从人有人格到国有国格。懂得有尊严的人才懂得去尊重别人。一个在位的副部长，到一个平民的家里究竟有什么利害关系？对李，一点利害关系都没有。现代许多人人际关系紧张。"害人之心不可有，防人之心不可无"，至今，这句话还在用，其实"害人"、"防人"在文明社会是少有少用的。如今人际关系发展到"这与我有什么关系"，利益是永久的，朋友是暂时的甚至可以出卖的。

我是李的下级，一个现任的上级到一个卸甲归田的人家里不只是浪费时间，还说不定自找麻烦，何苦来哉！李慎之同志到我家谈了什么，谈了一些他对不起我的事。他对我有过承诺，这承诺，是他的主动，也是他对我的关心和爱护。他对我说过这样的话："组织上对你的关心超过你对自己的关心。"当时，他为了让我去图书资料组工作，承诺过一段时间就会派我去美国作学术交流，后来不仅有名额而且名额还用不完，连资料组的年轻人都去了美国，却没有派我。李告诉我，不派我去美国，他自己有很大的责任。另外，对于劝我不参加评职称，他说他负有完全的责任。就此，他谈了一些他主张的文官制度。他很悲观地谈到我们的官员和比较单一的比较纯洁的军队，过去讲"三大纪律"，"八项注意"的，现在变成什么样子？！可见李慎之同志的忧患意识。他还谈到他对我有时态度不好，我要打断他的话，他要我让他把话说完。总之，他是来向我道歉的。当时，我很觉难过，现在想起来更难过。人，是有血，有肉，有感情的，人，又是有坚强意志的。李，有丰富的情感，可以写诗，表演，但有一次所内联欢，每个人出一个节目，他的节目是钻到桌子底下，弄得哄堂大笑。李的坚强意志，可以当行政长官，甚至当更大的官，应该说他是能胜任负更大的责任的。李，他有时看不起人是有其道理的，不是文人相轻的丑习。想当初，延安撤退的时候，一群孩子，未来的可靠革命的接班人，让他护送，对他是多么大的信任，结果是他后来被钦定为大右派。

是李慎之变了吗？李慎之没有变，变的是过河拆桥，违背承诺的人。当年怀着追求更大自由、更大民主的理想投奔延安的李慎之，很快成了两杆子之一的笔杆子的得力干部。可谁知，此一时，彼一时！这种人为的时代变化谁能料到？黄炎培？梁漱溟？年轻的余英时料到了，有极少数的人料到。李慎之和我谈的还不只是我在这里综合写到的。谈到文官制度，他不只是在我家里提到的，恐怕在他的文章中也谈到的。现在我明白他为什么劝我不要参加评职称的苦衷，因为最后我还是转为行政级别，何苦占一个高级职称的名额，让给别人多好。要是当时他说明白我会让的。但他也有苦衷，不知该给我定何级别的离休干部。

结束语

2003年，李慎之同志病逝的消息，首先是我的战友陈昆福从上海给我打来电话，然后是美国所张也白同志给我打电话，让我震惊、感叹、含泪。此前，听说李住院，我要去看他，张也白同志告诉我，因闹非典，很多人要去看李都被婉言谢绝。没想到这么快就去世了。同年，我到美国。李小兵教授让我写文章，打算在美国出李慎之同志的纪念文集。我当时写了文章，后来听说要在中国大陆出版，又因种种原因出版被搁下，我的纪念文章也就未寄给李小兵。相隔十三年后，又是李小兵告诉我，纪念文章还是要出版的，可能是在香港，并告诉我，此事由赵归博士负责。不久，我便与赵归联系上了。李小兵是一位热心人，赵归同样也是一位热心人，我与他俩以电话、电邮通信至今。

李慎之同志不幸病逝的消息在当时传遍国内外，可见其影响力。陈昆福我在上海就认识，1947年他连我共六位男女青年一起离沪北上到了东北解放区，在马洪领导下工作。马洪后来当了中国社科院院长，社科院先后在胡乔木、马洪、胡绳领导下作为智库在国内外影响日增，其中有关国际片的研究所如美国所、日本所、亚太所等新所功不可没。作为第一任美国所所长、后又是社科院管国际片的副院长的李慎之成为被关注的人物，加上他先后被党国领导人重视重用，可又是被钦定的右派分子，因而成为传奇人物。文革结束后，他的右派分子因是被钦定的，一时还未平反，却被邓小平点名作为外事顾问陪同访美。他当时行政级别只是个司局级，多少部级干部想陪同邓访美都未能如愿，此事一时又传为佳话。还有，他在位时，重实干，不重著述。文章千古事，仕途一时兴。

冯友兰去世那年本来是要召开他的学术会议的，结果因当年去世成了纪念会，一时找不到钱，冯的一位博士生出了一两万人民币才办成的。李慎之被邀请，有很多的学者参加，我见他与李泽厚等人谈意甚浓。李慎之是一位实践家、杂家、博学者，社会活动家，国际问题学者，文化名人。但他一直想当教师，教书育人。他去世后，更有人给予他"自由民主的先锋"等种种头衔。其实，生前，他主张"白丁"，因而劝人包括我在内不要那些虚名，可中国的现实是没有虚名就得不到实利，行政、职称、工种等不同，工资待遇就不同。拿看病说，级别不同，差别很大。李慎之是坚决主张文官制度，认为做人不要沽名钓誉，拿行政级就是行政级，拿科研级就是科研级。不要拿科研级去套行政级。

本文是在2003年写的那些文字基础上改写甚至重写的。在那篇文章中我着重写了李慎之和我谈过的一些话。如，有一次，我和他谈了我先后听过美国副总统蒙代尔、总统里根的讲话的感想，没想到他来这么一句话："你怎么还不如蒙代尔、里根？"其意是，我作为中国人而且还在中国提倡中国学，看中国问题还不如外国的领导人看得清楚，怎么称得上是中国问题学者。当然蒙代尔、里根讲话是他们的顾问提供的基本素材，他们本人并不了解中国有多少，有多深。

我发觉李慎之达到人生三境界：看远、看透、看淡。而我对中外国家领导人总认为，能当领导人总是有他们的长处的，可李慎之不一定这么看，这和余英时教授相似。1992年我访问普林斯顿大学，余英时教授曾和我谈过两个下午，其中就谈到在美国时："他当他的总统，我当我的教授。"人是平等的。余教授对中国古代和近代史非常有研究。1948年，他在沈阳当杜聿明的英文翻译时才18岁，中共地下组织力劝他留下，而且承诺如何重用他。他认为这种承诺不仅不可靠，而且知识分子将来会倒霉。他逃亡香港成了无国籍的人。李慎之与余英时不相似的地方在于，他认为中共是会言行一致的，我也是坚信的。结果是，1949后，现实变得让人不可思议，变得让人悲伤。知识分子就因为多少有些文化，就变得"一文不值"，谁能想到！文化，应该说是文明的标志。而且，在五十年代就分白区，红区。在白区从事革命工作的有的不被重用。因为这些人多是有文化的人，会比较的人。红区，是指后来的解放区。各解放区又和延安有区别，待遇不同，李慎之是到过延安的，我是两次进解放区的，都是一心为革命的。结果都打成右派分子。

李慎之去世，像他一样上世纪二、三十年代出生的人，在世的人不多了，而且早已退出历史舞台。李慎之算是在政治舞台闪现过的人物。人都是历史的匆匆过客，不过，有的人像雁过留声那样，会留名的。李慎之属于留名青史的人物。

2016年夏写于美国
2017年春改于美国

【作者简介】万青，1926年5月3日生于江西奉新县县城。1939年，认识并接受中共江西地下组织重要成员徐畅(徐仲文)的领导，成为他的秘密通讯员。三次参军抗战。抗战胜利后，参加解放战争的第一仗中原突围。1949年前，曾任文工队长，东北书店总店出版兼厂务负责人。1950年调干入校，1953年大学毕业。曾在中央纺织工业部，中国作家协会，中国科学院，中国社会科学院工作。其间下放北京一所中学任教十多年。1980年，参与筹建美国研究所，曾任图书资料组负责人。1986年评为副译审。1988年离休，享受司局级待遇。2015年起享受副部级医疗待遇。曾发起、主办、参与多次国内、国际学术会议。在国外演讲、讲课、访问并参与学术研讨会。在美国曾被聘为菲律普大学客座教授，在印度曾被一所大学聘为研究员。

迟来的追思

——纪念李慎之逝世十周年

何迪

李叔叔——老李逝世距今已十年了。我一直想写一篇纪念文章，但始终未能如愿。在他去世后不久，曾动笔写了个开头，但没有继续下去，因为我看了别人写的纪念文章，把他的思想和与他的交往，写得深刻、栩栩如生。作为美国所年轻人里最早认识他的人，我总觉得应该写出比其他人更深刻、感情更浓厚的纪念文章，但那时做不到。这成为我心中的纠结，如同他在世时我如何称呼他一样。在美国所大家直呼他"老李"，我叫不出口，大家在场时，我就避免称呼他，当独自面对他时，仍叫他李叔叔。因为我是叫着"李叔叔"开始接近他的，直到2003年最终告别。

对他的真正认识是在办博源基金会的这几年。在思索中国社会转型、经济转轨、建设现代国家制度等问题时，我重读了他的文章，不只一遍，而是多遍，发觉以前对他的认识太肤浅了。以当时的理论素养和对中国社会的认识，无法写出来较为深刻的文字。所谓深刻，就是我对他的言行与思想的理解。

他的文章绝大多数是在1990年代开笔写的。再读他的自述与历年所写的检讨、交待、反省一类的文字，使我重新认识了一位更加丰富更加全面的李慎之，他以深厚的中国文化素养，从全球视角看问题，对中国文化传统的反思和对中国新启蒙的提倡，开了风气之先。看他的检讨书，又让我认识到什么叫"直面人生"，犀利的笔端不仅解剖社会也解剖着自己，他个人的经历与思想的变化就是一部中国知识分子不断追求真理的历史。过去五年是我对老李重新认识的过程，是一次自我思想的启蒙。今天从新的角度、以新的认识，来写文章——一篇迟来的追思或许更会有些新意。

一

认识李叔叔缘于父母一辈和他在1940年代的交往。我的二姨李涵、姨父石泉是他燕京大学的校友，舅舅缪希法是他在四川曙光中学教书时的学生。1972年秋他自干校回来后，正好我二姨也到了北京，他们在我未来的岳父王唐文家聚会。王唐文是自学成才的老干部，曾任建工部政策研究室主任，也是个笔杆子。李叔叔与他谈得特别投机，大有相见恨晚的味道，几乎每隔一两个月都要畅聊上一次。大多数时间我都在场，听他们聊天，海阔天空，地北天南。他们每次都以交换各自听来的小道消息开始，像批林批孔、四人帮的倒行逆施、邓小平复出、老干部与四人帮之争、毛泽东的状况……总之都是一些坊间议论的热点问题。李叔叔从文革中的政治现象，去追溯它的历史根源。他对毛的个人崇拜很不以为然。他还谈到自己的经历，特别是在1956年苏共二十大后，社会主义阵营内反对斯大林个人迷信、波匈事件，中共发表一论、再论无产阶级专政，以至到1957年毛泽东如何引蛇出洞，他关于大民主与小民主的议论，怎样被打成了右派的故事。

尽管当年聊天的一些具体细节已记不清了，但他侃侃而谈，神采飞扬，在交换小道消息和分析政治时事时，往往能有惊人之语的样子仍历历在目，难以忘却。他对大事件的社会、历史根源的解析，总是高人一筹。燕大校友常以能跟他交谈为荣。那时我在厂里当工人，浸润在这样一个环境中，使我对中国的政治发展产生了浓厚的兴趣。文革早期，我思想受陈小鲁等人的影响，有点开窍，对毛泽东、周恩来、中共内部斗争背后的政治文化有一些认识，但并不深刻。倾听李叔叔与王唐文及燕京校友的交谈，潜移默化地影响着我，特别是他介绍的西方自由主义与政治理论成为我年轻时代的思想启蒙。

二

1977年恢复高考，我作为第一批大学生被人大党史系录取。上大学以后，我还常去李叔叔在皇亭子的家，一起吃饭、聊天。印象最深的是他提倡胡适的"多研究点问题，少谈点主义"，实际上是让我们从文革那套八股宣传的意识形态束缚下解放出来。他推崇改革、改良，反对激进的革命，这也是他对中国自1949年，以至从1911年以来连年的战争、革命、政治运动给中华民族带来的灾难的反思。

在人大党史系读到第二年，发觉所谓的党史是无法学的，我将学习方向转向了国际关系和中共与美国交往的历史，还参加了跨校跨科系对现实问题的探讨和研究。大学三年级后，在人大校刊《教学与研究》和《近代史研究》这样的权威学术刊物上发表过三篇中共与美国关系的文章。这得益于与八十年代初的思想解放运动，也受益于李叔叔的启迪。

大学毕业，尽管我很想去美国所，但不好意思去找他，因为他对人要求太高了。我被分配到北京市委党校科学社会主义教研室工作，实在不习惯那里的环境：需要坐班，写官样文章，与我所接触的改革开放以来的新思想和深入实际深入调查研究的治学方式差距太大。我下决心去找李叔叔，表达了去美国所工作的愿望。美国所那时在北京西郊的装甲兵招待所。是碍于情面，还是我写过几篇关于中美关系的文章，抑或美国所刚刚建立，需要不拘一格的各种人材，1983年秋我被调到美国所。

我刚到所里的头几年，压力很大，反差也很大。我很快感觉到，我不是老李喜欢的那款，中文基础差，加上尚未能完全摆脱掉的文革式的党八股腔，西学洋文差，在中美交往中拿不出手，摆不上台面。所内外交室的张静怡、张也白，都是老研究员，而我三十多岁了，只是一个助理研究员，要从打杂、整材料做起。在所外，人家也觉得我是个人物，发表过论文，但那些论文离老李的学术标准相差甚远。其间，我曾在陈翰笙老先生指导下，写过一本《坐在轮椅上的总统罗斯福》，那是商务印书馆编的通俗系列小册子读物，算不上学术著作。我没有什么突出表现，对于自己能否把学问做下去没有太大信心。

我的研究领域是中美关系史，老李让我从做"中美关系大事记"入手，写了初稿拿给他看。他对文字很挑剔，从思想到行文，甚至标点符号。对美国所其他年轻学者写的文章亦如此。他对我说，你的文章还算文通字顺，但八股气重，不必要的修饰语太多，"大事记"把事情写清楚就行了。至于哪些事称得上大事，得浓墨重笔，哪些事可以轻描淡写、一笔带过，这就要看你的眼光了，也就是史观。作为起步，有个流水账就可以了。经几易其稿，后来这篇大事记在纪念中美关系十周年学术讨论会时还派上了用场，成为参考资料之一。而后又在资中筠的指导下，作了"美台关系大事记"，并与她一起合编了《美台关系四十年》，这都要拜老李当年逼我从"大事记"做起所赐。

老李常对年轻的研究人员讲，"宁坐板凳十年冷，不写文章半句空"，对我而言，是从钻档案开始的。从1983年秋到美国所至1986年初赴美国两年多的时间里，我没有真正发表过一篇比较像样的学术文章，都是在做资料整理、档案搜集工作。他的压力，迫使我在中外档案收集上比别人都先行了一步。我搜集并阅读了大量中共对美政策演变方面的档案资料，还做了很多口述历史的工作，采访了几乎所有从事中共、新中国外交的亲历者。我还阅读了少人问津的《美国对外关系》文件集（FRUS），把相关材料做成卡片，记录下来。这为我后来写中国对美政策的演变等多篇论文奠定了坚实的基础。

为了提高我的英语能力，老李送我到二外去培训。培训归来，鲍大可（A. Doak Barnet）来所里做报告，他让我根据录音把鲍大可的报告原文整理出来，翻译成中文。当时我能力不行，鲍大可年纪也大了，有些话说得也不太清楚。我不好意思为一个单词总去问人家。没办法，我一遍又一遍地听录音带，一句句地抠，用了将近一个星期，终于硬着头皮把录音整理出来了，登在了所里的内刊上。这件事我至今印象深刻。他不是像现在有些人那么急功近利，让你马上出活，不出活就不行。相反他是让我从资料整理、语言的训练、写作能力的提高等方面下功夫，这为我后来的研究打下了基础，使我至今仍在受益。

尽管在美国所的头几年，老李给了我很大的压力，但只要有机会，他还是会量材而用。1985年秋，司徒雷登的私人助理傅泾波给杨尚昆主席写了一封信，根据司徒雷登的遗嘱，想将他的骨灰移回中国葬在燕园（今天的北京大学）。傅泾波还通过赵复三副院长，提出请社科院派人去帮他做口述历史。老李觉得这项工作很合适我，经院里反复协调，终于为我争取到第一次赴美工作、进修的机会。

在这之前，机缘巧合认识了袁明。她当时正与何汉理（Harry Harding）筹备第一届中美关系史研讨会。她希望我除了完成傅泾波口述史的工作外，去与章文晋大使、韩叙大使及张再公使联系，与何汉理教授及会议资助方亚洲基金会袁伦仁等人沟通，为会议的召开做前期准备工作。有五六年的累积，在大量的档案资料收集和口述历史的整理基础上，与袁明商议后，我撰写了从1944年到1949年中国共产党对美政策演变的文章。尽管老李很关注这次会议，支持资中筠与章文晋、罗荣渠一起担任中方青年学者的顾问，但他读了部分中方代表的文稿后，多有批评，担心中方的学术水平不如美方。这既是压力，也成为动力，袁明及顾问们与我们逐篇讨论、修改论文，要争口气。当时中美学界刚开始接触，尽管我们在方法论、资料收集等方面与美国学界有一定差距，但在大家的努力下，那次会非常成功，成为中美学者交流的破冰之旅。美方学者私下评价说，两篇文章有创意，一个是王缉思，他是写中美关系中的台湾问题，初稿是英文写的，美方学者对他的英文水平之高，相当惊讶。另外一个是我，我的文章以新的资料取胜，我引用了大量中方档案和口述历史，在那时美国学者是根本无法得到的。我的文章后来要在《历史研究》上发表，由于引用的中方大量电文等属未解密的档案，涉及出处问题，最后由章百家处理后才得以发表的。

老李就是这样引导我走上了学术道路，不论是给压力、批评，还是创造机会、鼓励我坚持下去，从早期的思想启蒙到后来的学术训练，我都心存感激。这促成了我对学术研究的兴趣和对中国政治发展持久的关心。

三

1988年初从美国回来后，有人提供机会，让我转去做现实政策研究的工作。我没有走，因为我已爱上了美国所的这份工作，对于研究中美关系，也有了自信。继1986年10月我的文章在中美关系史研讨会上受到肯定之后，1987年10月，在意大利卡莫湖洛克菲勒中心召开的美国与东亚冷战史国际研讨会上，我关于台海危机与中共对美对台政策演变的论文再次受到与会专家的好评。而且自1986年会议后，在袁明的带领下，聚集了一批优秀的中青年学者，相互支持和激励。我感觉路子走对了，在中美关系史学界也有了一定的影响。所以，从美国回来以后，我觉得很踏实，觉得自己在中美关系史研究领域大有可为。

那时，老李已经当了社科院副院长。资中筠任美国所所长，让我和张毅担任了所长助理。除了研究外，1988年的重头工作是筹建中华美国学会暨召开中美关系十周年的学术讨论会。"中华美国学会"这个名字是老李起的。他说，学会的名字用"中华"而不是"中国"更为妥当，否则无法涵盖香港和台湾。当时成立的其他学会，如中国亚洲学会、中国欧洲研究会等，都用"中国"，唯独美国学会是"中华"。起草章程的时候，老李说："要想做成事就要有一定的权威，要有一定的独裁，我做第一任会长，我就独裁。"所以，中华美国学会成立之初，未设副会长，老李任会长，章文晋担任名誉会长，王世荣任秘书长，我和张毅任副秘书长，学会设常务理事，以照顾国内学界的方方面面。美国学会的章程起草、单位理事的设立、理事代表的邀请，老李颇花了些心思。他很注重中国的老传统，既要坚持学术水准，同时也要照顾到各方面的代表性，想把国内研究美国的各个中心都吸纳进来。除了在京的研究机构外，还包括复旦大学、南京大学、南开大学、武汉大学、中山大学及四川、黑龙江、吉林、洛阳、深圳等院校的美国研究中心。

美国所还与中华美国学会联合，拟出版《美国研究丛书》。办会和出书都需要资金，当年美国所全年的经费也就50-60万，化缘成了当务之急。这活落在了我的头上。我一是找了福特基金会，由老李、老资出面，张烨帮忙，福特基金会同意资助《美国研究丛书》的出版补贴。二是去找中信要赞助。刚从美国所调到中信研究所当副所长的华棣对我说，荣老板给钱不容易，你得设法请胡绳院长给荣老板写信，然后他再去疏通。我没办法，去找老李，老李找胡绳。胡绳真的致信荣毅仁，中信赞助了两万块钱，这成了中华美国学会成立大会暨中美建交十周年学术讨论会的主要资金来源。然后是会议场地，我们最后选定社科院隔壁的国际饭店，经谈判，会场及宴会费用给打了大的折扣。办全国规模有美国外宾参加的国际会议，是美国所建所以来的首次，需要申报审批。我先做了私下的沟通，然后由老李出面，社科院正式行文报外交部审批同意。有了批文有了钱，会议邀请到了黄华、黄镇、柴泽民、章文晋等几位前任驻美联络处、驻美、驻联合国的老大使和现任的中国驻美大使朱启祯及美国驻华大使洛德夫妇与会，还以电视卫星连线（这在1988年还是很新潮的方法），与布热津斯基、伍德科克、恒安石进行了对话。会议邀请了全国各美国研究中心的负责人、资深研究人员参加，济济一堂，同时还有美国社会科学委员会主席魏克曼（Fred Walkman）等美方专家与会，会议开得很成功。中美建交十年以来，这是首次由学术单位出面主办的规格高、覆盖广的国际会议。

美国学会成立后，国内的美国研究明显上了一个台阶，出现了新气象。学会联络国内美国研究同行，非常活跃。在南京大学—霍普金斯大学中美文化交流中心举办了一次学术会议，老李和老资都参加了那次会议。他们还参加了由复旦大学汪熙教授主持的美国研究中心召开的美国与东亚关系讨论会，谢希德校长亲自出席。与台湾同行交流，台湾学者高希钧、苏起、高英茂、朱云汉等都来访问过美国所；还接待美国学术权威，包括斯卡拉皮诺（Robert A. Scalapino）等来所座谈，同时还开始接受驻所访问学者，如赵文慈（Richard Madison）、沈大伟（David Shambaugh）、唐耐心(Nancy Tucker)等。美国研究所的图书馆也大大加强，引进了计算机系统进行管理。《美国研究》和《美国研究参考资料》成为业内的权威性学术刊物。当时社会上政治改革的呼声高涨，在美国所内大家心气也很高，认为我们的研究和讨论可以对改革开放有所贡献。

"六四"风波后，老李、老资想了解形势对中国美国研究的影响，专门派我和张毅以中华美国学会副秘书长的名义，走访了南京大学霍普金斯中美文化交流中心、复旦大学美国研究中心和在上海从事美国研究的相关机构。在复旦谢希德、周明伟接待了我们。回来后，我们写了份考察报告，受到老李老资的重视。老李当时的处境并不好，但他仍很关心美国研究工作。这是他十年来付出心血、寄予希望的地方，在这里播下了自由、民主的种子，承载了他毕生为中国融入全球现代化、民主化大潮的努力。

老李是中国美国学的开创者。尽管他几乎没有写过关于美国方面的文章，但他做到了不拘一格招揽人才、既严格又耐心地培养人才。当年的美国所，老李招了一些专业背景与美国几乎不沾边的人，比如茅于轼，是做铁路机车的，董乐山是英文翻译，梅绍武是研究戏剧的，张静怡是总参二部的，霍世亮是记者出身，吴展是搞航天的，华棣是搞火箭的。对于年轻人，他不重学历而重才识与潜质，招进来，再加以培养。他改变了中国美国学的研究方向，从对敌斗争、帝国主义侵华史的巢穴中，转向真正学术意义上系统地研究美国政治、经济、外交和社会等问题。尽管从信息量、出版数量、研究队伍等方面看，现在和那时不可同日而语，但研究的方向和方法是由他奠定的。

在政治操守方面，老李也为我们树立了榜样。他从不隐瞒自己的自由主义思想，但在退休前并未将其公诸于文字，在思想取向与美国所的工作之间划了清晰的界限。"六四"风波之后，他因讲过"不在刺刀底下做官"而丢了官。有人说这话是在人大常委会或其他公开场合讲的，应该不确切，我是亲耳听到此话的见证者。5月19日晚戒严令宣布，美国所及社科院的一批年轻人很激愤，准备20日上街游行。在这之前，虽然同情学生们，但由于诸种原因，我没有参加过游行这类的公开活动。20日，我决定参加游行了，并与一批留美归国的朋友约定在社科院大门集合。美国所在院部大楼13层，所里的年轻人写了大标语，准备从13楼悬挂下去，以呼应游行队伍。20日上午，老李正一层楼一层楼地巡视，不许从社科院大楼里往外悬挂标语、撒传单，以尽其院长责任，保卫社科院的安全。在个人行为与机构之间划清界限，提倡理性对话、防止过激行动一直是他规劝我们的原则。当巡视到美国所，看我们正写标语，并准备往窗外悬挂时，他非常严厉地制止，说："如果你们一定要做，就到院外面去做，在我这儿，决不允许你们在社科院挂这些东西。"当时是谁抱怨在这种时刻老李太没肩膀了，听此话后他说："你们相信我，我绝不会在刺刀下做官。"这句话反映了他个人的立场，反对我们在院大楼上对外悬挂标语则反映出他所遵守的职责。

"六四"之后，美国等西方国家对华实行国际制裁，其中为中国最惠国待遇一事闹了好几年。1990年，在老李的支持下，老资应凯特林基金会邀请赴美参加对话。我参与了部分活动，其中包括和老资一起去拜会了支持和反对延续中国最惠国待遇的美国国会议员索罗斯、罗斯和南希·佩洛西。这一对话始于1985年，当年由章文晋大使介绍，凯特林基金会会长马修斯访华，推动他倡导的非官方"补充外交"。社科院出面接待，老李主持，由此建立了每年或隔年一次的中美之间的非官方的对话。虽是非官方，但从议题的设定和会后的报告都会提供给决策者们参考，发挥作用。这一对话在中方由老李领衔，美国所作为对口单位，从1985年启动，"六四"风波时都未中断。现在冠之为"二轨对话"的渠道有很多条，但我认为马修斯和李慎之开拓的中美"补充外交"如果不是首创，也是最早的渠道之一，而且在一些关键的时刻（如"六四"之后）

和关键的问题（如台湾问题）上发挥了作用。尽管老李在"六四"后接受党内审查并被免去了副院长的职务，但在对美的工作上，他和资中筠尽了最大努力，用更客观、更易为美国政客接受的语言，用他们多年在美国学界、政界建立的友好关系和良好形象劝说美国延续中国的最惠国待遇。老李说，最惠国待遇是中国与美国连接的桥梁和渠道，如果断了，就会逼中国回到孤立状态。他认为，只要门是开的，中国就有希望。这是他的一贯主张，只有开放才有改革，开放是改革的前提和必要条件，保障开放，特别是对美国为首的西方阵营开放符合中国的根本利益。尽管老李受了那么大的委屈，但在美国人面前，他能置个人委屈于一边，尽己所能来维护国家的根本利益。在我心目中，他是一个真正的爱国者，言行一致，表里如一，从理论到实践，直到他生命的最后一刻。

四

1993年，我停薪留职、下海经商，1997年正式离开美国所，将组织关系转入人才交流中心，结束了我与美国所十三年的关系。老李也从社科院离休，一改过去述而不著的传统，他一篇接一篇的文章在网上传播，成为最具影响力的公共知识分子。从此，我与老李的关系又回到了李叔叔的时代。

1993年，我与陈小鲁等人创办了标准国际投资管理公司，在中山公园租了个大院子，改造成办公室。李叔叔找到我，希望我们能为他和于光远、陈鲁直等人主持的太平洋学会提供开会的地方。与会者都是些大知识分子、老外交官。因条件限制，我们还无法提供午餐，他们于是自带干粮来开会。后来我们可以提供午餐了，他们感激得不得了。官职不小，学问也大，都是知名人士，在这么恶劣的环境下，仍讨论全球化，谈改革开放与国家的未来，这些有良知的知识分子是中国真正的脊梁。

1997年我加入了瑞士银行，手头宽裕些了，每年春节期间，我都请李慎之、资中筠陈乐民夫妇、茅于轼夫妇、王缉思、张毅等美国所老人定期聚餐，何方夫妇、林地、张烨，还有百家和他母亲张颖阿姨等也都参加，这成了一个传统。每次聚餐，我都选江浙菜馆，这对李叔叔的胃口。2003年春节，我和王苗开车去新居接他，他从皇亭子到永安里，最后住进了华威西里。他夫人摔伤在家卧床，李叔叔拄着拐杖，已步履蹒跚。我看着他日臻老态，心里很难受，但他谈锋依旧，一上车他就大谈天下事。我选的是"上海老饭馆"，没想到这竟成为我们最后的一次聚会。回想起来，每年的聚会都是以他为主的一次思想盛宴。尽管他走了，我们仍将每年春节一聚的传统沿续至今，以承载大家对他的思念。

在他去世十周年之际，我们想开个追思会。不只是简单的追思，而是对他思想的重新认识。他是一代人的杰出代表，是具有中国传统士大夫精神的现代知识分子。他所抨击的中国专制主义的文化传统、所秉承的自由主义、所倡导的民主宪政、所推动的公民教育、所鼓吹的新的思想启蒙，都是当下中国迫切需要解决的问题。中国专制主义文化传统不断以新的形式、新的包装借尸还魂，推进民主宪政制度变得更加刻不容缓，李慎之思想的价值愈显珍贵。他的文章不是面面俱到，但他的思想像颗种子，正在生根发芽。我越来越相信，一篇文章说不清的东西，一本书也说不清。往往最有影响力的，是有着真知灼见的一篇文章。李慎之最后十年的著作、最关键的文章，应该有机会在国内出版，让更多的人阅读。他的文章和思想一定会推动中国思想界的启蒙与进步，推动中国社会顺应全球化、现代化、民主化的大潮流，向正确的方向发展。学习、传播李慎之的思想是对他最好的纪念，也是对他深深挚爱的祖国和中华民族最好的贡献。读他的文章，对他的追思，我体会到了什么是精神不死，浩气长存。

写于2013年4月

1986年7月李慎之访美时与作者的合影（左起 沈己尧教授 李慎之 何迪）

　　【作者简介】何迪，1983年调入中国社会科学院美国研究所外交室，1988年担任所长助理、中华美国学会副秘书长。1993年停薪留职，创办标准国际投资管理公司，1997年加入瑞银集团，任投资银行副主席，2020年退休。现任博源基金会总干事。

哭 老 李

张毅

李慎之先生（美国所的人都亲切地称呼他为老李）老李走的那一天，我哭了。先是下午在电话上听到李斯奇讲他父亲当天上午十点零五分走的时候，接下来是关起办公室门来独自流泪，晚上回到家，更是忍不住大哭出声。

老李不是我的家人。为一个不是家人的人的去世而如此动情，上一次大概要追溯到1976年毛泽东的时候。那次自然是由于当时的特殊环境所致，这次则是因为我从心里一直把老李视作不是家人的亲人。茅于轼先生说老李是改变了他的命运的人，我是晚辈后生，涉世未深就有缘认识老李，可以说老李是决定了我的命运的人。

头一次见到老李是在1981年8月。我从国外留学回来，有机会到刚刚组建的中国社会科学院美国研究所工作，但首先要经过老李面试。他当时还在毛家湾办公，面试时在座的还有美国所第一任副所长李寿祺。见面时间不长，两位老李主要询问了我一些在英国留学的情况。结束时李寿祺按惯常的程序说我们要先研究研究，然后将结果通知我。老李却马上接着说：我看就不用研究了，你明天直接去找美国所办公室报到就行了。我当时的感觉是老李真是一个痛快的领导。

一到美国所上班就发现老李非常平易近人。以对他的称呼为例。我才走出学校门，对长辈只知道叫老师，老李头一次听到我这样称呼时马上打断我，说他不是我的老师。我改口称他为所长，他又说没必要那么正式，称他为老李即可。虽然开始还是感到难以开口，但时间不长就习惯了，因为其他的年轻人也称他为老李，而且不仅可以称所长为老李，对所里其他长辈（如李道揆、董乐山、施咸荣、陈宝森等）也都以"老"字相称。美国所学术风气民主、大家不以资历和年龄压人，与老李创下的不以职务互相称呼的习惯可以说不无关系。

从1981年8月到1984年1月再次出国留学，是我在老李直接辅导下从一个自以为水平不低、但实际工作能力相当有限的学生逐渐走上可以独立思考的治学之路的人生重要的转型期。老李的辅导是全方位的，主要方式是交谈。不少与老李打过交道的人都知道，听老李谈论天下事是一种难得的精神享受。谈话的机会有几种，一是在饭桌上。美国所当时在宾馆租房子办公，中午吃饭十人一桌，凑齐为止。如果恰好与老李同桌（包括我在内的一些人经常想方设法能与老李同桌），几乎每一次都能听到一些纵古论今的高论。第二是他找你单独谈话，这主要与工作有关，比如他看完一篇你写的文章找你谈谈他的看法。第三是他不忙时经常到所里各研究室走走，提出一些问题与大家商讨，这时全室的人一般都会停下手里的活，参与进来。除此之外，我还有一种"独有"的机会。我当时是单身，所里没有单人宿舍，我就住在办公室里，而老李经常早来晚走，不时也能到我屋里来聊会天。与老李交谈，像是跟着他在他那无际的思想天空中遨游。老李知识渊博，学贯中西，可以自如地把你带到哲学、宗教、思想、政治、外交、历史、文化、艺术等领域。他对学问和世事有非常独到的见解，常常令人有顿开茅塞的感觉，听起来也是津津有味。记得有一次在午饭桌上，我说了一句：听老李一席言，胜读十年书。老李马上接着说：小青年不要学拍马屁。其实对我有些冤枉，因为我说的是心里话，并没有想拍他的马屁。老李还特别爱发问，有时候是想考考我们这些年轻人，更多的时候是反映了他自己内心对学问和真理的追求。这也使我想起已去世的美国著名的中国问题专家奥格森伯格对邓小平的评价。他说邓是他所见的中国领导人当中最有"好奇思想"的一位；正是邓的这种好奇心使得他愿意了解世界，并把中国的大门向世界敞开。

上世纪八十年代初，中国刚刚开始改革开放，对世界的了解还是相当闭塞。我自以为在国外喝了几年洋墨水，知道不少当时国人没有机会学到的东西。但在与老李的交谈中发现，我自以为只有自己才懂的一些知识，在老李那里几乎全是小儿科的东西。我有一次禁不住问他：国家封闭了这么多年，你从哪里知道这些东西的？他听后笑了一下，然后认真地说：我毕竟是在解放前受过教育的，当时的教育要比现在开放得多。

老李也不是每次都谈严肃的话题。有一次他说起自己的恋爱过程，说他与张贻阿姨是燕京同学，原本认识，后在延安街头偶然见面，一个说你来了，另一个说你怎么也来了，说着说着两人就好起来了（这个版本与张阿姨后来告诉《美国研究》现任编辑赵梅的有些不一样）。谈起他的孙子来，老李的话也特别多，脸上更是一副开心的样子。我曾对他说没想到他也这么"婆婆妈妈"，他大声笑了几声，没说话，但显然是觉得我说了他的好话。

老李对我具体的研究方向和方法也非常关心，经常给予指导。美国所建所之初，一共分四个研究室：政治、经济、外交和社会文化室。老李认为，对我们初入美国研究领域的年轻人而言，首先要花气力了解的应该是美国的政治制度。他因此把我和另一从国外留学归来的朱宏前都安排在政治室，在早年留学美国、当时在国内研究美国政治方面堪称一流权威的李道揆手下工作。老李还在征求了我们的意见之后，安排朱宏前重点研究美国总统制，我则侧重研究美国国会。谈到研究课题时，老李多次讲到要好好研究《美国宪法》，认真读一些美国"建国之父"的著述，认为只有这样才能从根本上了解美国政治民主制度的真髓。

在治学方法上，老李特别强调认真、务实、一步一个脚印。记得刚开始学习做研究时，文章的题目都不大（比如国会的委员会制度、中期选举的程序等），而且有不少翻译文章，老李认为这是要必须经过的练笔。美国所最初几年，只有《美国研究参考资料》这一个内部油印刊物，老李本人实际上是主编，每一篇刊登的文章他都要亲自看，动笔修改，有时还找作者单独谈修改意见。在文字上，大概老李也知道我们这一代年轻人由于政治原因国学底子太薄（但也有例外，比如他就数次谈到赵毅的文笔好），因此并不要求我们写得要多么漂亮，但他在思维的严谨和文字的通顺上要求相当严格，我当时写和译的不少东西他都动笔改过。改动不一定很多，但在重要部位改上几笔往往可以达到画龙点睛的效果。

老李另外一个治学思想，是要求我们年轻人尽量做到"技术全面"。比如英文打字，他就要求我们一定要学会（当时还没有电脑，否则肯定还会要求我们学会打中文字）。做研究需要记卡片，他为了示范还专门把自己记的卡片给大家看（老李本人当时已记了好多箱卡片）。对我这个留学回来的人，他还特别要求我要学会口译，而这对我绝不是一件简单的事。记得头一次给他当翻译是在燕京饭店，大冬天里我译下来居然出了一身汗。老李英文造诣很好，当然知道我的表现远未及格，但他还是鼓励甚至要求我多练，之后见外宾只要有可能他都用我当翻译。

还有一件事可以说明老李对培养年轻人的重视。我是1977级学生，入学刚一个学期就经考试被国家选送到国外留学三年。由于出国前国内学位制尚未恢复，我们在国外的学习也没有按正常读学位的方式安排。回到国内之后，虽然国家待遇上明确我们是本科毕业，但我们既没有原国内大学也没有留学的外国大学的毕业证书和学位。当时我们这些回来的学生谁也没有把这当成一回事，因为待遇和国内毕业的本科生完全一样。老李却认为这不是一件小事，因此在我到所里上班后他分配做的第一件具体事就是去跑教育部解决这个问题。教育部经研究后发了一份文件给有关学校要求它们为我们补发国内的毕业文凭和学位。几年后当我们需要再次出国留学时才体会到这件事的重要。除了老李，我不知道会不会有其他单位的领导关心这件事，反正我们这一批回国的几十人所在其他单位的领导没有一人想到这一点。

1983年夏天，老李有一天把我找去，说所里有机会推荐一人用美国福特基金会的奖学金到美国留学，他准备推荐我去。我听后吃了一惊。当时我在国外留学三年后回国工作刚满两年，除朱宏前外所里其他年轻人没有一个有留学的经历，老李怎么还决定把我这个已经留过学的人再派出去呢？我问会不会有人提意见，他让我不用担心，因为他完全是为了工作。老李的意思很明白：要想做好美国研究工作必须要有机会去美国学习；而我以前在英国留学的经历有利于我直接到美国大学读学位、接受正规的研究生教育。在此之后半年，老李又派朱宏前再次出国留学。

临行前老李请我到他家里吃了一顿饭，除了工作学习上的叮咛之外，记得他还说起我去美国应该注意一件事。我见他样子挺严肃，于是问他是不是"组织"问题，老李回答"组织"问题回来再说，他的意思是我到美国应当买一件好的西服。当时我还不太理解，到了美国过了一段时间之后才体会出老李的用意。国人穿了几十年毛装，虽然出国前也会到"红都"一类的地方做一套西装，但样式古旧肥大，加上不会配之以合适的领带和鞋袜，常常会成为洋人饭后茶余的笑料。

1984年1月出国后，隔上一、二个月我都会写封信给老李，汇报一些学习的情况，有时也写文章寄回去，他也能时常回信（可惜有些信没有保存下来）。记得有一次我写了一篇关于美国联邦政府赤字的文章，老李收到后回了一封信，大意是写得不错，并说类似这种水平的文章今后不必由他先看就可发表了。我读后自然十分高兴，有一种好像从老李那里学成出师的感觉。1985年夏天，我修完硕士学位课程，从导师处得知美国政治学会有一个称为"国会学者"的项目，即选派政治专业的研究生和已在美国政府行政部门工作的人员到国会为议员做立法助手。我认为这是实地考察美国国会运作、弥补书本知识不足的一次极好的机会，于是向老李请示。老李很快表示同意，并与福特基金会洽谈延长我的奖学金，使得我作为中国大陆第一个"国会学者"为一位参议员和一位众议员做了一年的立法助手。

在美留学期间，老李也来过几次美国，记得每次都能见到他。第一次，他到华盛顿市，住在一家饭店里，是一个套间，我从弗吉尼亚大学去看他，当晚就住在他那里。晚上睡觉时，他拿出被子给我搭地铺，第二天早晨我还未起床他就到楼下给我买来早饭，我当时想他对自己的孩子也不过如此吧，心里顿时充满了暖意。另外一次是1986年秋，老李带了一队学者和前外交官（包括前驻西德大使王殊和后来接替老李担任美国所所长的资中筠），与美国凯特林基金会组织的一些美国著名人士主要针对台湾问题举行了一系列会谈，开展"民间外交"，期间还与一些政府官员和国会议员见面。我作为"青年观察员"与王缉思、袁明等人一起随团活动，有机会亲眼目睹老李施展其外交才能，可以说是上了一堂生动的教学课，感到老李不愧是曾经跟着国家最高领导磨练出来的外交高手。

1987年初回国，老李虽已升任社科院副院长，但仍然兼任美国所长。1988年老李的美国所长一职由资中筠接任，但看得出老李仍然有点舍不得离开美国所，中午饭都要到所里来吃（当时每人基本每天带饭，他每天早晨把自己的饭盒交给美国所，由美国所工作人员统一负责热，他中午再来吃），这样跟他的接触还是很多，美国所的走廊里还是可以听到他那爽朗的、中气十足的笑声。

1988年7月中旬的某一天，老李把我叫到他在三楼的副院长办公室，说有一个外事活动问我是否愿意参加。我说你是领导，只要下令我保证服从。他说你先不要急着回答，因为这是一件特殊的活动。接着说起详情：胡乔木夫妇受美国一些学校的邀请准备去美国访问，需要一名随员翻译。胡本人认识一位早年留学美国、对美国非常了解的专家，希望她能陪同，但她年事已高，觉得胡应找一位年轻人，而这位专家的丈夫恰好在一个外事场合与我见过面，于是向胡推荐我，说我是李慎之手下的人，胡找李联系即可。老李知道胡在学术界的声誉，也知道我对反精神污染和反自由化运动的态度，觉得我有可能不愿意干这件事。以他的为人，他不愿意强迫我干一件我不愿干的事，所以他很认真地说：如果你不愿意陪胡去美，我完全理解，由我去跟胡解释。我想了一会，回答说：胡是社科院名誉院长，从工作角度，如果他希望我陪同，我没有什么理由拒绝，但我对胡平常的为人处事不了解，如果他高官架子大，把我当成一个跑腿的下人，尽让我做一些翻译工作以外的杂事，我就不想受那气了，因此我想先与胡接触一次再做决定。老李听后表示完全理解。后来我去了一趟胡家，发现胡对人（至少从我的观察来看）还是相当和蔼的，而且没有架子，像个典型的书生，所以我后来告诉老李我愿意随他访美。

　　陪同胡乔木访美归来已是1989年上旬，离开美国之前国内就已经爆发了由于胡耀邦逝世而引起的要求民主自由的学生运动（胡逝世当天我正陪胡乔木在密执安大学访问）。5月13日，天安门广场发生绝食。大概是5月18日左右，胡乔木在社科院会见美国一位教授，老李作陪，我作翻译。会见结束之后，我十分激动，流着眼泪向胡抱怨政府对学生绝食的态度。老李也动了真情，严肃地对胡说：乔木同志，你是我党的老臣重臣，现在是该你站出来说话的时候了！5月20日北京实行戒严后，我到美国所上班，从窗口可以看到武装直升飞机沿着长安街低空巡逻。老李当天正好在院里值班，他一层一层地检查社科院大楼的安全，到了位于十三层的美国所后，他一方面出于人员和大楼安全的考虑，要求我们在社科院大楼内不要做出一些可能会引起暴力反应的事情（比如扔东西等），另一方面他也明确表示作为他个人不会在刺刀底下做官。这就是他那句流传甚广的名言的由来。

　　六月以后，老李被摘掉右派帽子仅仅十年就不得不开始了又一轮的自我检讨。老李是一个说话做事需要向自己良心证明是符合其道德标准的人，当他迫于高压说出违心的话的时候不可能做到心安理得，好像什么事都没有发生。那些天他话不多，但从外表上明显看出他内心的煎熬。有一天听说他对所里一位领导发了一通火，后来打听原因大概是那位领导说了老李应当硬一些的话，触到了他的痛处，内心的痛苦一下子都发了那位领导的身上。老李曾经对我讲过在他当右派的时候，他是不敢听贝多芬的音乐的，因为会更加刺痛良心。那些日子，我经常想起这句话，心里也替他难受。

也是六月以后，我决定离开美国所，自费再度到美国留学，而且决定改学法律。告诉老李后，他没有多说话，只是表示理解我的决定，但我看得出他的遗憾和无奈，因为他知道我喜欢美国所，也知道我曾有志一辈子从事美国政治的研究。一年以后，我得以成行。

进入九十年代后，我先在美国学习，后在美国和香港工作，人处两地，加之工作的性质和学术研究大不相同，与老李的接触也就少多了。但印象较深的也有几次。一次是在美国。1989年之后他头一次被允许到美国访问，当时正在美国各地、曾经在美国所工作的十几个人专门到华盛顿去看了他一次。老李见到我们这些"门生"也特别高兴。另外一次是在香港，他到科技大学做访问学者，其间到家里来吃了顿饭。还有几次是考虑到已经到了"见一面少一面"的年龄，如逢年过节人在北京，何迪和我还尽量约一些社科院的老人聚会，老李当然是主角。最近一次聚会是今年春节期间。除了老李，还有日本所前所长何方、美国所前所长资中筠、西欧所前所长陈乐民、美国所现任所长王缉思和社科院外事局前局长林地。我坐在老李和老何之间，席间的话题涉及美国准备对伊拉克发动的战争、全球化和中日关系等。老李还抽空问我这些年思想有什么变化，我说我年轻时是左派，后来逐渐成了右派，可是最近几年世界经济政治的发展又使我变得有些"左"了。老李点了几下头，表示理解。没想到这次聚会居然成了我们最后的一次见面！

老李在不该走的时候走了。我相信历史将证明他是一个对我们这个多灾多难的民族有大功大德的伟人。我为有缘结识这位可亲可敬的伟人而感到骄傲和自足，我此生会永远怀念老李！

写于 2003 年 5 月

左一为作者张毅

　　【作者简介】张毅，1981年英国留学归来后到美国所工作。1984年获美国福特基金会奖学金去美国弗吉尼亚大学攻读政治学硕士学位。1985-86年作为美国政治学会组织的"国会学者"到美国国会担任议员"立法助理"。1987年回国后继续在美国所工作。1988年担任美国所所长助理及政治室副主任、"中华美国学会"副秘书长。1990年到美国密执安大学攻读法学博士学位，1993年毕业后先在纽约任律师，后转到香港，现为美国吉布森律师事务所香港办事处合伙人。

李慎之，我永远佩念的人

王奔

　　四月十七日一早，原美国所同事任越来电话，告香港报纸登了消息，李慎之患非典型肺炎病危，正在医院抢救。当时香港 SARS 闹得很凶，老年体弱的染上多半很难办。我立即与北京他女儿通了电话，得知他得的是典型肺炎而非SARS，医院也确实发了病危通知，但目前还算稳定。想想北京的医疗条件如此好，现代的医术如此高明，虽然他已近八十岁了，但不见什么老态，平时又一向底气十足，声若洪钟，这一关他准能过去。我即把此消息告诉任越和另一原美国所同事张毅，安慰他们说，问题不大。四月二十二日，在广东开会时，又打电话想问问好转到什么程度了，却获知他上午已经"走了"。原先想好几句祝愿他早日病愈的话，被这突如其来的消息一下子把我脑子搅乱了，顿时张口结舌，语无伦次。

　　静下心来细想想，我和李慎之交往已有二十多年，他曾是我的精神导师，后来又是我的顶头上司，我们的关系一度极为密切，后来人隔地球两端，来往不如原来那么频密，但只要有机会，我们仍然海阔天空地神聊。要回忆李慎之，那得花一些时间，绝非三言两语可以完成。现在原美国所的朋友要集体悼念他，我想先写印象较深的三件小事。

坐两年冷板凳吧

我第一次拜见李慎之是 1979 年他陪邓小平访美归来。当时我读新闻研究生要写论文了，想请教这位老新闻工作者。也不知怎么搞的，正经事儿没怎么谈，就扯到别的话题去了。他问我，这几天报上有什么重要消息，我答，有一篇读者来信很重要，第一次提出读者有"知情权"。其实那是比豆腐干还要小的一块东西，我不过是有感而发就是了，哪知他的反应十分强烈，一下站起来，开始滔滔不绝地谈起新闻与民主的关系来。我明显地感到，他对我的态度已从对求教者的答疑解惑变为朋友间的推心置腹了。此后，我与他就越来越投机，越来越无话不谈。等到我 1981 年研究生毕业，刚好他也新办了美国研究所，正在招兵买马，我问他是否需要我这样的人，他表示十分欢迎。由于我原来的工作去向是人民日报社，我在编辑部已干了一年多，我的直接领导李克林恰好是李慎之的老朋友，两个人一通电话，人民日报就放行了。所以，我在人民日报社报到的同时，办了调离手续，转而到美国所报到上班。

就在到美国所工作后不久，我读研究生时到美国自费留学的申请有了回答，有两所大学同意接受我，其中有一所大学还给了奖学金。我很为难，刚到美国所，还没怎么干活，难以开口提"走"字，但这样的机会又极难得，是我费了一年多心血才争取到的，就这么放弃也难以甘心。我把情况告诉了李慎之，希望他能帮我拿拿主意。

李慎之约我改日再谈。到约定时间，他仅用三句话就让我放弃了走的想法。他说，国家有政策，研究生毕业后要为国家工作两年后才可出国留学，当然不是没办法一走了事，但费那些周折有否必要；美国所刚开办，正在用人之际，好不容易你来了，还指望你为美国所出力呢，正好，坐两年"冷板凳"，搞搞美国经济研究，等你把美国情况搞清楚了再去留学，说不定效果更好；第三，你想想，在美国所工作，还少得了去美国的机会吗。

确实，在此之前，他就曾帮我联系过一个到美国工作的机会，只是最后因为税和保险的费用谈不拢，没去成。我也深信，他说的话是一定算数的。所以我二话没说，当即表态不走了，先在美国所坐两年冷板凳再说。于是乎，我在美国所就干了下来。

中央对外宣传小组组长

　　一天有事到他家，他忽然对我说："有件事想听听你的意见。中央要成立对外宣传小组，胡乔木推荐我当小组长。你说，我去还是不去？"他经常这样，会提出一些你不可能有任何思想准备的问题，并要你马上回答。我凝视着他，想从他的眼神里看出他的意思来。这不是一个可以随便回答的问题。中央对外宣传小组组长，按官阶算是正部级，而且是党的系统，位高权重。谁都知道，京官多如牛毛，笑话说摔一跟头撞倒好几个局长处长，但正部级是一道坎儿，有多少官迷经营一世，在副部级那儿等了几年十几年，就是过不了这个坎儿。一到正部级，那就正儿八经是大臣级的高官了，制度内制度外的各种待遇完全不一样了。他从 1957 年被钦定为"极右分子"起，二十多年来是身上踩着专政脚、耳旁响彻打倒声过来的，不要说过什么好日子，连人的最起码的尊严都一扫而尽，作为一个 1946 年燕京大学经济系毕业的知识分子，能熬到现在已是凤凰涅槃。如今右派改正，官复原级，硬套的话，还比他原来的新华社国际部副主任高了一级，加上当时文革刚刚结束，整个社会一片反思声，大环境总的来讲还不错，此时有更上一层楼的机会，那是一般人可以祈求到的吗？

　　可真正的问题在于，他不是那种一般人。我沉吟了一下说："我认为你不合适这个工作。第一，这是一个事务性非常强的工作，要做好的话，每天面对几十个国家，几百个记者，解释了再解释，说明了再说明，你愿意化这个时间干这个差事吗？第二，这是一个政策性非常强的工作，什么事是外紧内松，什么事是内紧外松，什么事是内外都紧，什么事是内外都松，领导的主意一变，所有的都得跟着变，你能适应吗？第三，这是一个组织性非常强的工作，宣传部长是小邓，一定是对外宣传的统领，你能得心应手地工作吗？"其实我还有一条说不出口的理由，我刚刚冲着他到了美国所，放弃了到美国自费留学的机会，如果他拍拍屁股一走，我不就傻眼了吗！

　　他点点头，微微笑道："是啊，与其在炉火上烤，不如读点书，干点事。"后来，他给胡乔木写了封信，读给我听过，其中引了一句孔子的话，大意是他想用几年时间，读几本书，中央对外宣传小组组长的事就不能干了。胡乔木居然没有再坚持，此事就过去了。当然，我不是说，他是听了我的话，才拒任这个官职的。我只不过说出了他早已深思熟虑的想法而已。

清除精神污染

1984 年，北京的政治气压越来越高，不断传来意识形态领导人之间的消息。胡耀邦几次公开讲话，再三重申不打棍子，不戴帽子，不装（档案）袋子的政策，这些讲话本身就说明了问题严重，真是"山雨欲来风满楼"。好在美国所与此毕竟隔了几层，美国所搞的是国际问题研究，又有李慎之这把大伞坐镇，一般的风风雨雨刮不到我们头上。当时，美国所借装甲兵招待所办公，地远，在公主坟西的沙沟，研究人员不必坐班，一周来两次，开开会，看看文件，讨论讨论课题，虽然研究工作的压力不小，大家的精神还算相当愉快。

突然一天开会，传达中央什么会议，说邓大人都讲了话了，要清除精神污染。胡乔木的讲话，邓力群的讲话，调门一个比一个高，涉及的范围一次比一次多。文革结束时，几乎所有现在台上的领导人都信誓旦旦再也不搞运动了，才没几天，就跟没说过一样，通通不算数了。

会上，李慎之宣布美国所成立清除精神污染小组，由我负责。我暗自好笑，我这样的都能负责清除精神污染，美国所能清除出什么也就可想而知了。会一结束，李慎之把我叫到他办公室，要和我商量如何开展清除美国所精神污染的工作。每次和他单独相处，我们都会互相交换各自的消息，不管是大道还是小道，也不管是好听还是难听。我跟他详细介绍了我所知道的胡乔木邓力群周扬王若水就究竟谁是制造思想混乱罪魁祸首的争论过程。我认为胡乔木抬出邓小平搞清除精神污染，实际上是他被周扬的十大问题所问倒，害怕中央会追究他的责任，于是想搞这么一场政治运动来掩盖自己出尔反尔，一讲思想解放就比谁都右，一讲四个坚持就比谁都左，从而把全体人民的思想搞混乱的重大错误。他则分析了胡乔木作为知识分子其思想之敏锐，之解放，当属一流，作为共产党员（我立即更正为"党棍"，他笑笑，微微点点头算是认可）其观念之保守，作风之霸道，难以企及的两面性。我知道他对胡乔木有很复杂的心理，他长期在新闻界工作，新闻界有一批乔木崇拜者，虽然我没有听他说过他也是乔木崇拜者，但他多次赞扬过乔木文思敏捷，文字讲究，知识广博，而要从他嘴中说出肯定什么人能力的话来，那可是难乎其难的一件事；1978年，在他右派还没有改正时，乔木就点名让他参加范围极小的理论务虚会，自此他开始回到正常生活中来；成立美国所是乔木提议的，他出任美国所所长是乔木点的将，乔木还提议他出任中央对外宣传小组组长，虽然没去，但知遇之恩的感觉总有的，难怪我也认识的他的一些老朋友开玩笑说，他是乔木的保皇派。但同时他对包括胡乔木在内的意识形态负责人的专制蛮横是深恶痛绝的。所以当我听他谈到，这场清除精神污染运动搞不长，不过在风头之下，要能对院里交代得过去就行了时，我一点儿也没有惊讶。我说这很简单，你不是叫我负责吗，咱们美国所也简单，只有一份《美国问题研究资料》出版物，一共也没有出过多少期，咱就来个自查与公查相结合，凡是自己写的文章，自己再看一遍，看看有没有精神污染的问题，我呢，就把几十期的研究资料都看一遍，然后给院里一个报告，有就是有，没有就是没有。既不搞走过场，也不搞扩大化。

我花了一天时间就查完了所有文章，结论当然是"不存在精神污染的问题"，所有自查的也是同样结论。我痛痛快快据此给院部写了报告，本以为这件事就可以交代过去了，没想到又出了个新岔子。

美国所和日本所开创之初就一起在西苑大旅社办公，两个所的人互相都熟，年轻人经常一起活动。日本所一位Y君不知怎么着被公安局的弄去，自己交代曾在所里看过所谓的黄色录像，在场的有美国所的W君。公安局把情况通报给社科院，又转给美国所。这可是和精神污染沾得上边的事儿，问题的严重性还在于，美国所的一位副领导已对我说了，要认真查处，态度不好的话，要处分。

这我就不太好办了，又是公安局，又是院部，又是所领导，而且又有姓名齐全的交代，我的回旋余地十分有限。那个年头，如果写文章的观点被认为有问题，是精神污染，大家感觉问题不大。但如果是因为看所谓的黄色录像而被点名、处分，大家就没有什么同情了，谁让你干这种事的！但如果W君被处分的话，不仅证明了美国所有精神污染的问题，而且W君以后的路会很难走。我找李慎之，建议冷处理，先要核实事实，然后再酌情处理。李慎之同意我的意见，并说相信我能处理好。

我找W谈话，W的抵触情绪很大，我又不能把所有底牌都告诉他，只好循循善诱，最后核对下来的事实是：开始看时并不知道是黄色录像，等发现时，就离去不看了，所以准确地讲，不存在一起看黄色录像的问题。我开始还要W写个情况和认识，这是副领导要求的，但W执意不肯。我向李慎之汇报时，李反问道，既然没有问题，为什么还要写东西？我又按此向院部报告，院里没有再来追究。有没有被李慎之挡回去什么，我就不知道了。

一场来势凶猛的清除精神污染的运动，李慎之云手推掌，美国所不但没有整任何人，而且还保护了年轻人，就这么安然度过了。

回想我在美国所的经历是从李慎之劝我坐两年"冷板凳"开始，结果呢，这"冷板凳"我一坐就是六年。这当然不是说李慎之的话说了没算，而是世事确实难料。这六年里，美国所也是在风风雨雨中跌宕起伏。在这六年里，我从李慎之身上学得的东西，不要说美国的大学，就是满世界、全天下地找，都是难以寻觅的。也可以说，正因为有这六年垫底，我才能真正跨入学术的殿堂，拿到经济学博士学位，至今仍自由地思想。对这六年的"冷板凳"，我对李慎之不仅毫无怨言，相反却心存感激。

走笔至此，不禁唏嘘。从今往后，寄意与谁！

2003 年 5 月

点点滴滴，长留心头

王奔

　　很难找到一个词，来准确表达我对李慎之去世的感受。悲痛，缺乏深刻；震惊，不够全面；哀伤，略嫌肤浅。正是什么滋味都有，什么语言都显得词不达意。李慎之的女儿曾在电话里对我说："他待你们就像自己的孩子一样，跟你们说的话，比跟我们说的都多。"此话一点儿也不过分，确实如此。也正因为此，在我拟写的挽联中，特意加上"吾师吾长吾友"的文字。在我一生中，一身兼而是我"师长友"的，迄今大概仅李慎之一人而已。如今我唯一的"师长友"突然去了一个我再也无法联络的世界，是"此恨绵绵无绝期"呢，是"感时花溅泪，恨别鸟惊心"呢，还是"不思量，自难忘"？最大诗词家的千古名句，还是不尽意！

　　我和老李（在美国所，几乎所有人都称李慎之为老李）先先后后二十余年，尤其前八年，真可谓相见恨时短，倾谈嫌题多。他是一个被称为"百科全书"式的人物，记得刘宾雁曾讲笑话，他第一次遇见李慎之是在国外的一辆火车上，李居然向他介绍了八种系皮鞋带的方法，刘感叹李知识之渊博时就用了"百科全书"一词。他又是一位极健谈的人，兴致上来，语调加快，两小时、三小时不间断地口若悬河是常见的事。他还是一位诲人不倦的人，只要他自己知道的，他都愿意无保留地传授给你，当然，有时恨铁不成钢地训斥也是他传授的一种方式，不过他的训斥很少有恶言恶相的时候，多半是突然降慢语速，开始抑扬顿挫地揶揄，虽然脸上还会有笑容，但你能分辨出这笑的苦味。此情此景，此腔此调，一直留在我脑海里，清晰完整，就像发生在昨天。

经典之笑

一想起老李，眼前就是他喜上眉梢的笑脸，印象中，他就是一个天生的乐天派，整天笑呵呵的，少有愁眉苦脸的时候。

一次聊到他当右派时，派他拉粪车，半夜三更，街上空无一人，头顶一轮皓月，四周寂然无音，惟有粪车在不平路上颠震出不规则的"咯噔咯噔"声。他突然问：你说，这会儿是什么心情啊？还未等你说话，他已哈哈大笑起来，"啊呀！那时就想放声唱歌啊！心情极佳！你能体会吗？啊！哈哈哈！"他的哈哈大笑，可是经典的不掺假的哈哈大笑，头稍稍扬起，音阶一下子高上去七八度，有节奏音调渐次降低地"哈哈哈"三四声，既不会犯傻似地"哈"个没完，也不会奸笑般高声"哈"一下就戛然而止。单凭这几声"哈"，就已把我感染了。

八十年代初，中国在文革后第一次发行国库券，老李出手就买了六百元。这可能是他多年的积蓄，倾其所有可动用资金了。没想到，第二年又动员买国库券，老李喏喏而言：怎么又有国库券要买了？然后看着你，"今年只好少买点了。啊！哈哈哈！"

老李在打成右派前，可能是中国出国最频繁的人员之一。这种外交活动是经常聊的话题，他一次突然问："你知道我出了这么多次国，最得意的一件事是什么吗？"我当然不知道。他笑眯眯地缓缓道来："那是在德国波恩，一个德国官员问我，愿意不愿意加入他们波恩市的合唱团，他们正缺一个好的男中音。他说我音量大，音质好，一定是一个优秀的男中音。为这事我得意了好几天，甚至一直得意到现在。啊！哈哈哈哈！"

老李的这种笑，对外国人也如此。美国所送往迎来，许多来访的外国客人也希望能和老李有同桌共餐之谊，因此他的饭局不少。一次我作陪，来的是美国大使馆的两个官员和美国一个什么学者访华团。老李滔滔不绝天南地北，那些美国人都听傻了，他看看左右两个美国官员，问："你们知道当外交官的第一个条件是什么？是吃饭吃得快，要能一边说话一边吃饭。就像我这样。"边说边夹了一大筷菜，三下两下就空出了嘴，得意地看看那些美国人，"否则，你就得饿肚子，回去再加餐。你说是不是啊？哈哈哈！"那些美国人则陪他一起哈哈笑起来。然后他指着我们对美国人说："搞美国研究，我是只能算小学生，希望他们能在你们的帮助下成为中学生，他们的下一代，有可能培养成大学生。这样，美国所才像一个美国所，才会出一些像样的研究。到时候，就不用我这样的来凑数，陪你们吃饭了。是不是啊！哈哈哈！"

傅高义（Ezra Vogel）来访，老李主持会议，介绍宾主时，说，这是著名的"Japan As Number One"的作者，哈佛大学教授，傅高义，就是傅作义的弟弟，哈哈哈！也不知傅高义听懂了没有，反正他跟着大家一起笑了。

警世妙语

切莫以为老李只有那经典之笑可以打动你，其实他的警世妙语才是他的拿手绝技。他经常会冒出一句两句或者是绝贴切，或者是绝深刻的话来，有人说他是语不惊人死不休，而我更觉得他是勤思苦虑，学贯中西的厚积薄发。

文革刚结束，整个中国都在探讨中国的改革怎么搞，当时苏联科学院远东分院发表了几篇论文，分析社会主义的计划经济为什么会使劳动者逐渐丧失积极性，新华社的参考资料全文翻译，影响不小。一次老李问我读了那几篇文章没有，又问我有什么感想，我正在谈对中国的经济改革有什么借鉴启发时，他打断我说，苏联的计划经济是红色的，美国的市场经济是黑色的，而中国的经济是花的，天差地远，完全不是一回事。当时只觉得"中国经济是花的"说的太妙了，随着中国经济改革与前苏联的改革差别越来越大，后果的差别也越来越分明，才体会到老李此话的内涵远比我当初的理解丰富。

差不多是同一时期，一次谈到中国的改革，我认为我们改革的理论准备不足，许多改革政策匆匆拿出来，还没怎么执行出结果，就被人反攻倒算回去了。老李微微一笑，说："老邓搞的就是洋务运动那一套，中学为体，西学为用。而我认为中学西学根本无法相容，没有体的西学，不能成其为西学，同样，没有用的中学，也不能成其为中学。体用两者，是互为因果的关系，怎么可能把无法相容的中学西学硬套在一起呢？"见我有辩驳之意，他又开了腔："中国从鸦片战争打败后，就一直在搞现代化，先是洋务运动，想弄出坚船利炮，被甲午战争打得粉碎；然后是辛亥革命，孙中山的建国方略，结果是国共血战二十多年，什么也没搞成；接下来就是毛主席的大跃进，人民公社，那倒好，土法上马，连西学为用也不要了，怎么样，几千万人非正常死亡，比抗日战争死的可能还要多。按我看，所谓现代化就是西方化，而西方化最尖端的就是美国，所以，要现代化就是要美国化。当然，什么是美国化，还要做研究，现在没有人能说得清。"这就是他"现代化就是美国化"的由来。老李只是出了这个题，可惜这道题出了有二十多年了，仍然"没有人能说得清"。

老李有一个想法，既然是美国研究所，研究人员就应对美国有足够的了解，应该是实地的第一手资料的研究，而不是人云亦云不知第几手资料的研究，所以，应该有大体三分之一的研究人员轮流在美国，读书也好，访问研究也好，收集资料也好，联络关系也好，总之要有人在美国。在上世纪八十年代初，美国所的出国人员在中国是比较显眼的。国内有些部门想利用美国所人员出国的机会，捎带帮他们做点事，提出要约谈美国所的出国人员。事情搞到老李那里，老李一口回绝，那些部门的人还想以都是党的工作来说服，老李则斩钉截铁地说，"办好美国所是我的任务，那些事是你们的任务。如果你们不想打烂我美国所饭碗的话，就不要叫我们的人掺乎到你们那儿。"自此，美国所出国人员都可以不受干扰，专心致志地做自己的研究。事后，有人赞同他的做法时，他说："那当然！没有不透风的墙。只要还让我当美国所长，这只手就休想伸进来！"

英雄无奈

老李可以慷慨激昂地评点古今中外，也可以恣肆汪洋地纵论新观旧点，但有些身边的具体事，他却常叹无可奈何。

1983年，我大学时代的一位同学，报考马列所的研究生，由于他文革中有点毛病，他所在的上海工作单位给他出了些难题，尽管他考分没问题，仍难以录取。他想通过我给管马列所的一位社科院副院长说说，说明文革中的毛病也并非什么大不了的问题，可否按当时强调的"分数面前人人平等"的政策录取他，因为这位副院长当时相当红，说过很多落实政策的话。那位副院长的答复是不想惹这个麻烦。我有点气不公，就对老李说了此事，一是因为他和那位副院长关系挺好，看看他是否有办法；二是想问问他，如果报考美国所研究生是否可以。我在述说时，说了那位副院长不过是个银样蜡枪头的话，说得好听，具体办事就不行了。老李听后愣愣地看着我，轻叹一气说，"我又何尝不是银样蜡枪头呢！"

老李去参加十二大文件起草，一天问我，能不能帮他找一些以前党的历史文件，供他作参考，还特别加一句，按经济规律办事，高价收购。我东找找，西问问，最后帮他弄到一整套八大文件。他特别高兴，当天就抱走了。过了一些日子，所里的一位副领导问我："听说你帮老李找到一些资料，还要钱？"我一听就有点不乐意，明明是老李要我帮他找文件，明明是老李提出要按经济规律办事，怎么变成了好像我是财迷，为了钱而帮老李找这些文件。又心想这是我和老李之间的事，与你何干，我本来也没有打算卖资料，但你这么说，我还不能改口了。我把当时的情况解释了一下，说："我家经济困难，还等这钱买菜呢！"几天后，老李与我同桌午餐，说着说着突然冒出一句："至少在我们美国所要能按经济规律办事吧。"我知道他指的是资料的事，就对他说此为小事一桩，不必挂虑。老李却很认真，说"这没有道理么！"此事的结束方法是以困难补助的名义，给我二十元钱，我照收不误。但老李此后再也不说什么"至少我们美国所"应该如何如何的话了。

老李不止一次地表示过，他对美国研究的兴趣不大，他更感兴趣的是关于中国文化的研究。他告诉我，文革前他就做了几千张关于中国文化的卡片，写几本书都够了，可在文革抄家风盛行时，全部销毁了。那卡片挺硬，马桶里冲不走，这么多，烧会有烟，会成为很大的目标，所以整整两个星期，天天在洗脸池里泡卡片，一天下来泡软了，泡烂了，再用手把卡片搓成泥，用马桶冲走。我对他的这么多心血，这么宝贵的资料被如此销毁大表惋惜，他却苦笑一下说，"那时不这样，又有什么办法呢！能够不被发现，已是万幸。只好以后重新来过。"他还说，以前他的记忆力很好，当右派时，开会不敢明目张胆看书报，就把报纸折成巴掌大，一次就看一面，翻过来再看一面，也不管是否连续，反正一面面看下来，最后每面都看完了，脑子里一整理，一条条消息就都接上了。可现在，前看后忘，能记住个大概就不错了。说到这里，他更可惜那几千张卡片，"恐怕再也搞不到那么系统，那么齐全，那么广泛了！"我唯一听他如此重重地叹息："嗯——哎——唉——！"

士之风范

"学而优则仕，仕而优则学"，这是两句经常挂在老李嘴边的话。他有时也以士自称。不过他嘴里的这前后两个仕士是不同的。前一个"仕"较简单，就是当官的意思；而后一个"士"则较复杂，是真正的知识分子，是中国几千年传统中，"先天下之忧而忧，后天下之乐而乐"的士，是"可杀而不可辱"的士，也是"为尊者讳，为长者讳"的士。

老李与周恩来总理有较特殊的关系，他投身革命时，在《新华日报》就在周的领导下工作，进城后在新华社，仍与周有很密切的联系。据说，上世纪五十年代初，经常可以看到他手持电话，屁股往办公桌上一靠，大声说："总理啊，我是慎之啊！"他是周的新闻助手，多次陪周出席当时最重要的国际会议外访，就像许多他们那代干部一样，视周为可亲可敬的兄长尊者。这从他平时谈及周时的态度就能容易看出，基本没有较尖锐的否定的词语。高文谦的回忆中提到，老李和他谈到周时，没有说"免俗"的话，但提出"不能离开中国传统文化大背景"的观点。其实老李对周有他自己的判断。一次和老李聊到审判"四人帮"，老李感叹真是天意不可违，说如果周总理还健在的话，一定不会像邓小平这样大刀阔斧、这样不拖泥带水地处理"四人帮"，否定文革。周肯定还要过渡好长一段时间，才会潜移默化地慢慢掉转船头。他的结论是：毛后这盘残局，别人都不行，唯有邓小平能下好。这是我听到的老李关于周恩来最负面的说法。我认为，老李对周的这番评说是深知其人的。据我所知，老李被打成右派，与周多少有点关系，但他从来不说。心如明镜，口如封瓶，为何？士也。

美国所刚开张，老李到处网罗人才，关照我也帮他物色。恰好我有一个朋友，北京大学哲学系的高材生，文革前就被打成反动学生，现已平反，尚未找到合适的工作单位。我向老李作了推荐，老李很感兴趣，先是要了简历，然后亲自谈话，再指定厚厚一本 American Minds 让他限期读完写出简介，几个回合下来，老李确信此人是个人才，决定要他。可老李马上遇到两方面的阻力。一是来自美国所内，因为当时他在参加十二大文件起草，所里的日常工作交一位副领导管，不知为何这位副领导对引入此人就是没有积极性，一次又一次地找我了解情况，就是没有实质性行动，言语间还流露出这样的人太难驾驭了的意思；另一方面的阻力来自北大，当年打反动学生的人还在台上，档案里还留有许多尾巴材料，只要有人来谈，就会把一些早已明确否定掉的轶事传闻告诉你。我没有办法，只好趁老李回所的时候，把已拖了好几个月的此事告诉他。老李有点儿不高兴，专门找了那位所副领导，请他抓紧想办法把人弄进来，又先后三次与北大的党委书记谈，询问究竟是怎么一回事，北大党委书记答应要过问此事，清理档案中的所有尾巴材料。尽管如此，又过了几个月，仍然没有什么进展，我那朋友眼看太过困难，干脆出国留学了。此事没有办成，老李甚感惋惜，特地叫我带话给我那朋友，除了表示遗憾外，还一再表示，待他留学归来，中国的社会环境会有好转，届时欢迎再来美国所。对一个素不相识的人，对一个尚在困难境地的人，坦诚相待，倾力相助，何也？士也！

老李的遗体告别仪式上，感谢侯玲代表美国所当年所有的年青研究人员一起给老李献了个花篮，也感谢赵归代表大家写了篇祭词，做了我想做的事，说了我想说的话。那天与张毅、何迪共餐，还感意犹未尽，七嘴八舌，我执笔，给老李写了挽联：

十年胼胝开美国学先河立言立志立德文章羞当世

无围审视著读研着头鞭吾师吾长吾友道德励后进

李慎之先生永生

真没有想过，会以这种方式，与老李对话！我永远怀念你那经典的哈哈大笑，那四座皆惊的如珠妙语，那意味深远的士之风范！当然，我也不会忘了你那多舛的遭际和多年的磨难！老李，你是我尊敬的一代人的代表，是我愿引以为终身榜样的一类人的典范！

老李曾答应我，会把他关于中国文化的文章都给我一份。因此近几年每次遇到，他都会问我他的哪些哪些文章我有了没有，由于可以从网上下载，一些比较出名的文章我都有了，他就会把我没有而他手头还有的文章放在一个大信封里给我，几乎次次如此。当时我并没有什么特别的感觉。今天回想，他竟然把十几年前，好像是随口答应的事都记得如此清晰，这样的"贵人"，人生一世，遇上一个已是大幸矣！此生足矣，夫复何求！

老舍的《四世同堂》中有这么一个情节，虽然人名都记不得了，但那对话一直烙在我的心里。世代看祖坟的老汉向爷爷告辞，日本人马上要打进城了，音讯难通，此一别何时能再见，谁也不知道了。两位老人都很伤感。临别，老汉说，没事儿，只要咱们彼此心中互相念叨着，就跟见面儿一样。是啊，老李！我知道你一直都念叨着我们，我们也一直都念叨着你呢！难怪我一直都没有再也不能与你相见的感觉！

老李！如果真有下一世，我愿再当你的部下！你听清了吗？

2003 年 5 月

【作者简介】王奔，原美国所经济室助理研究员。1981年社科院研究生院新闻系毕业后，调入美国所；1987年至1995年在美国麻州波士顿 Northeastern University 攻读并获得经济学博士学位，随后到 Brandeis University做博士后研究；1996年到香港中文大学做博士后研究，一年后周转于香港几家公司，从事研究及管理工作。现栖身香港 Cambridge Business Group 任名誉董事。

一个具有世界眼光的爱国者

——追记李慎之先生

任东来

　　李慎之先生走了，带着他对"苦命中国"深深的眷恋，带着他对"一个自由的中国融入一个全球化世界"的无限憧憬，带着他的"中国文艺复兴之梦"，带着他早年没有实现的"大学校长的理想"，带着他晚年"下辈子作公民课教员"的感叹。李慎之先生不仅因为他的思想，更因为他表达思想的方式和勇气而被尊为当代文化英雄，像一颗划破夜空的流星，在其生命的晚年，放射出奇光异彩，赢得海内外无数人的尊重。以一个人短短十几年的晚年时间，而在中国思想和学术界产生如此重大的影响，实在是极为罕见的奇迹，可以成为现代中国文化史上一个非常值得研究的话题。作为他众多年轻朋友中的一位，一种无法克制的冲动，让我在听到他去世噩耗后的第一时间，把自己所接触和了解的李慎之追记下来，告慰李慎之的在天之灵，也表达自己深深的悼念之情。

一

　　如果从1982年算起，我成为李慎之先生的非正式学生已经整整二十年了。1982年9月，我从长春的东北师范大学历史系毕业，兴高采烈地来到社科院美国研究所作研究生。当时的消息很闭塞，除了知道自己的导师是南开大学在该所兼职的杨生茂教授外，其余一无所知，更不知道所长是谁。从比我们早来半年的八一级研究生，我们才听说所长李慎之这个名字，知道他是从新华社来的"老右派"，曾经作过周恩来外交助理。他们谈起他来都很敬重，并且说他"很厉害"。我们几个新生当然很想早点领教他的"厉害"，因为当时考上美国所的研究生非常不易，个个感觉良好，以为自己已经是半个美国通了。

开学时，按惯例所长应该与新同学见面。但令人失望的是，李慎之不在，他作为中共十二大工作报告的起草班子，正在玉泉山（这也是我第一次听说玉泉山这个神秘的名字，尽管我们当时就借住在北京玉泉路十一学校内）负责起草十二大报告的国际部分。几个月后，他才召见我们。他整个地垄断了谈话过程，容不得我们插嘴和提问，但他的谈话让我们几个来自省城和京沪的小子确实有耳目一新之感。当时印象最深的是，他自嘲说，十二大报告中写得最差的部分"是你们所长写的，这就是国际部分"。接着，话锋一转，又指出这部分文字虽差，却有新意，在党报告的历史上，第一次明确提出了中国外交政策的根本出发点是中国的"国家利益"，不再唱国际主义的高调，并明确提出不与任何大国结盟，实行独立自主的外交政策。当时这一报告被海外认为，是中国拉开与美国距离、放弃毛泽东时代建立反对苏联霸权主义统一战线、进行等距离、全方位的外交的宣言。针对这一评论，李慎之直截了当告诉我们，可能全方位吗？以色列、南朝鲜和南非就够不到；也不可能在美苏之间等距离，因为苏联还在越南，越南还占着柬埔寨。虽然后来也有些机会听他发表宏论，但已经没有什么印象了。最主要的原因他那时"高高在上"，不仅因为他是所长，更因为是在阅历、读书、学问上，我们根本不在一个数量级上，不可能成为他的谈话对手。他也不把我们看在眼里，觉得我们中外文的底子太薄。现已闻名史坛的现代史专家章百家，当年是近代史所的研究生，他就半开玩笑、半抱怨地说，"李慎之要研究生的英文和中文一样好，文言文和现代文一样好，谁能做到？"有一次，李慎之曾经向我们解释他为什么爱好历史、但上大学却选择学经济的原因：在中学时他就已经把《史记》和《资治通鉴》等史书全读完了，觉得不再需要去学历史了。而我这个大学历史系的本科毕业生，当时只在《历史文选》课上读过它们的节选，自然无言以对。他对新时期的留学生评价也很低。一次访美回来对我们讲，他原本对留学生期望很高，但接触后发现，他们长进不大，更糟的是他们总是在中国人自己有限的圈子活动，结果就是"死读书、读死书、读书死"。现在想来，他的评价过于刻薄，因为你想想，刚刚改革开放、出国留学没几年的中国学生，能指望有多大的进步！后来留学生的成长证明，大部分并没有像他所说的那样"三死"，倒是国内的学生越来越多地变成了"三死"学生！

尽管李慎之先生当时没有什么公开著述（我仅看到他和资中筠教授合写的一篇有关台湾问题与中美关系的论文，虽然是一篇国际会议的论文，但很有气势，有理有据有情），但他的自信、自负甚至是自大可以说在社科院是出了名的。但我毕业论文答辩会上的一个小插曲，着实让我看到了他为人坦荡、荦荦大度的一面。当时，我师兄答辩比我早一天，因司机不负责任，害得一个答辩委员等了很长时间。这位委员抱怨了一句："下次我还不如自己来"。那时的司机是得罪不起的，第二天轮到我答辩时，司机就不去接他。我一急之下，找到李慎之，他二话没说，立即放下手边的事情，亲自去答辩委员的府上接人，并表示歉意。这让那位答辩委员很是感动，也解了我的燃眉之急。要知道，李慎之好歹是个正厅级干部，并已内定出任社科院副院长。而答辩委员只是一个普通教授而已。

二

1985年美国所毕业后，我直接考上了南开大学的博士研究生，后又在南京大学中美文化研究中心进修和工作。虽然离开了美国所，但与李慎之先生的接触和深谈却有增无减。

1985年秋，上海复旦大学召开全国第一次中美关系讨论会。李慎之到会讲话，当时他已是中国社科院副院长，负责社科院的国际片所和外事。会议期间的一个晚上，根据事先约定，我到他的住所拜访他。与以前一样，他控制了整个谈话，与我大谈特谈中国政治学的问题与前景。当时他担任中国政治学学会的副会长，称中国政治学学会的章程极为民主，但却没有可操作性。他甚至认为当时红极一时的政治学所所长严家其其实并不懂政治学，但中国没有政治学家，只好勉为其难，并称学政治学还是要从亚里斯多德开始。我越听越觉得有些离题，便打断了他的话，说我虽然对政治学感兴趣，但主要研究美国外交史。这时他吃了一惊，瞪着眼睛，仔细看了看我，才冒出了一句："你是任东来呀，我当你是王沪宁呢！原来我们唱一夜隔墙戏。"原来，他那天晚上约好了王沪宁！后来，我把这个故事告诉美国所的金灿荣，灿荣也笑了，并告诉我，在相当的一段时间里，李慎之一直把他叫成了"任东来"。看来，李先生总想着大事，加上眼睛高度近视，叫错人也就在所难免。

八十年代后期，是李先生官场最为得意的时候，官至副部，并成为最高领导的智囊。1986年他来南京参加南京大学和霍普金斯大学合作创办的中美文化研究中心开学典礼，我恰好是第一届的学员。他的高谈阔论让美国学生折服，一位学生想拜读他的作品。李先生只好坦诚相告，没有作品。学生又问他什么时候能够把自己的想法写出来，李先生哈哈大笑，说："写出来也不一定能发表，只能藏之深山"。美国学生的汉语没有好到可以理解这话的程度，实际上我也有些疑惑。我多少感觉这笑声有些自嘲和苦涩，这毕竟是他的阿奇里斯之踵。在美国所时，我们几个师友们常常议论，李先生满腹经纶，见解独到，傲视一切，但却没有东西发表，实在令人遗憾，也招人非议。当然，我们绝不会像美国学生那样贸然提问，这毕竟不是一个礼貌的问题。在陪同他参观南京附近栖霞寺时，他又谈起了三十年代在该寺的高僧，可惜我从来没有听说过这个人。于是他便鼓励说，要多读书，你现在读博士这条路走对了。不要羡慕那些正忙于为中国改革开放出谋划策的策士，只有真正读好书，才能有所作为，并以自己为例，婉转地表示："老人家不是每年总要找我几次谈国际形势吗？"我不便多问，自然知道这里的老人家是邓小平。

很多人都知道，他与邓小平的联系始于1979年初随邓小平访美。此后，他一直作为邓的外交顾问，直到八十年代末。这期间，他还作为赵紫阳的外交助理陪后者出访美国。我常常不解的是，李先生虽给周恩来作过临时的助手，但和邓小平并无渊源。而且，邓访美时，李慎之的右派问题还没有彻底解决。他自己就回忆说，是在临上飞机前，新华社才加速给他恢复了党籍。因此，他何以能够在这样的情况下，就成为代表团的一位顾问人员呢？这个谜直到2000年我与中央电视台一位编导参加一次国际会议时，才得以解决。据这位也参加了访美代表团的编导讲，当时组团时，邓有一个原则：过去周恩来出访时带来哪些人，他就带哪些人。李慎之陪同周恩来参加了1954年日内瓦会议和1955年万隆会议，还有其他的一些重要外事出访，故他能够在尚未完全平反之际成为邓小平访美代表团的成员。由于先后为三位领导人效过力，在外交领域，他有时自诩"三朝元老"。

除了充当"谋士"外，李先生在这一时期并没有什么公开的文章发表。不过，在建立和发展中国美国研究这一学科上，他功不可没。他主持建立了中国第一个美国研究所，网罗了一大批杰出的学者展开对美国全方位的研究。他们或者是与他同病相怜的右派，或者是文革中站错队的造反派。当时的美国所可谓群贤会聚、专家成群。据我不完全的了解，研究美国经济的陈宝森教授来自财政部，研究美国政治的李道揆教授来自总工会，研究军备控制和防务政策的张静怡和吴展来自国防研究部门，研究美国文化的施咸荣来自人民文学出版社，研究美国社会的董乐山来自北京第二外国语学院，此外，他还从人民大学请来当年燕京大学经济系主任郑林庄，从南开大学请来美国历史专家杨生茂作为兼职教授。另外，他创立了中国第一个地区研究组织——中华美国学会，出版了后来享誉学术界的《美国研究》。

总的来说，这一时期是他春风得意的时候。他晚年在跟我闲谈时，提到他曾经拒绝了两个仕途上的"美差"。一是，非常欣赏其才气的胡乔木向中央推荐他担任中央一个专门负责对外宣传的领导职务（大概是正部级），他听说后，立即打电话给胡，表示难以承担此任。在新华社的工作经历，使他对这类宣传工作毫无兴趣。二是，有人推荐他代表中国人大，出任世界各国议会联盟的中国代表，因为他当时担任人大常委会外事委员会的委员，他也拒绝了。八十年代末以后，他开始了一个真正学者的自由生活，其影响也从狭小的国际事务领域，转向了更为广阔的学术和一般意义上的思想领域。

三

八十年代末以后，他的副院长自然当不成了。对很多职业官僚来说，这不仅是其政治生涯的结束，同时也是其精神生命的结束、因此是灾难性的。但对李慎之来说，他却因祸得福，开始了其自由思想者的历程，终于有机会把原打算藏之深山的思想化为公开文字，成为大众的公共财富。从此，中国数千（或许上万？）现职副部级干部少了一位，中国沉闷的思想界中多了一位才艺双全的独行侠。真可谓"塞翁失马焉知非福！"李慎之开始走出了京城狭小的决策圈子，投身到学术与思想的广阔舞台。利用参加学术会议之便，他的足迹遍及东北、中原、江南和华南，不遗余力地倡导全球化研究，弘扬自由和法治的主旋律，深刻地阐述着他对中国传统文化、国际大势、新中国外交和中国前途等重大问题的独到看法。就我本人而言，就在1990年开封"全国美国史会议"、1991年北京"20世纪美国与亚洲国际讨论会"、1992年上海"纪念《上海公报》20周年讨论会"、1994年"南京大学国际问题研究所成立大会"、1995年"中美关系史讨论会"、1996年南京大学"中国传统文化与21世纪国际讨论会"等会议上，聆听过他的大会发言和私下教诲。

根据我自己的观察和与他近距离的接触，他至少在以下几个方面，有着独到的见解和贡献，并产生了范围大小不等的影响。

首先，虽然他已远离了最高的外交决策，但对国际形势和中美关系仍然给以关注，并依据自己的"老根据地"美国所，继续"进谏"。九十年代初，中美经贸关系中的最惠国待遇问题，成为当时联系中美十分脆弱关系中最重要的一环。一些领导人甚至放出话来，取消最惠国待遇没有什么了不起的，中国可以发展与日本、欧洲的关系，况且，美国也同样会受到损失。针对这一论调，李慎之曾经用邓小平的一句话来说明妥协的必要性："我是会打桥牌，不要以为自己有四个老K就了不起了，别忘了人家还有四个A"。很显然，中美之间的相互依赖是不平衡的，而且，日本和欧洲在对华关系上基本上是唯美国马首是瞻，没有良好的中美关系，不可能有良好的中日和中欧关系。在美国所和其他一些机构的努力下，中央终于采取了一些变通措施，维护了中美关系中的最惠国待遇。历史证明，正是这一关系保证了中美经济关系在政治关系停滞、甚至倒退的情况下，继续迅猛发展，最终成为中美关系的防波堤和安全网。

其次，是他对20世纪历史的准确判断。1989年柏林墙的坍塌，促使李慎之重新思考20世纪的人类历史。1990年秋的开封会议上，他明确地告诉与会的历史学者，20世纪已经随着柏林墙的坍塌而结束，而且它不是开始于1917年的"十月革命"，而是1914年萨拉热窝刺杀事件。针对冷战结束，两极世界瓦解，他也提出了不同的看法。在他看来，一些共产党领导的国家依然存在，冷战很难说彻底结束；而这个世界从来就不是两分天下，因为二战后的世界格局中，西方世界可谓是"三分天下有其二"。只有从军事和政治的角度才能讲两极世界，在经济上，只有一个GATT、世界银行和国际货币基金组织掌管的西方世界。开封会议召开时，正是第一次海湾战争前夕。战与和，捉摸不定。国内主流看法是战争打不起来，但李慎之则在会议上，从当时国际和地区局势，美国的意图和萨达姆政权性质几方面入手，预言战争必打无疑。

第三，李慎之可能是国内最早意识到全球化深远影响，并且身体力行，倡导全球化研究的学者。在1991年太平洋学会纪念哥伦布航行到美洲500周年纪念会上，他第一次明确提出了全球化的意义，这篇后来发表在《世界知识》的文章，以其宏大的视野、高屋建瓴的论述、言简意赅的表达和畅快淋漓的文笔，号召人民应对已经到了的全球化大潮。至今我还能记得他那特有的充满哲理的排比句：地理的全球化始于哥伦布的航行，科学的全球化始于牛顿的力学，思想的全球化始于法国大革命，经济的全球化始于资本主义，信息的全球化始于电脑网络。他对信息的全球化给以了特别的关注，认为苏联的解体是信息全球化瓦解了一个封闭社会的结果。

第四，对自由主义重新估价和对启蒙的重新倡导。有人说1998年是中国重新发现自由主义价值的一年。而这一发现是与李慎之那篇著名的论文《弘扬北大的自由主义》分不开的。在文中，他以纪念北大百年校庆为由，以大陆学术界从未有过的赞扬言词，斩钉截铁地肯定了自由主义的普世性："在人认为有价值的各种价值中，自由是最有价值的一种价值。""世界经过工业化以来两三百年的比较和选择，中国尤其经过了一百多年来的人类史上规模最大的社会实验，已经有足够的理由证明，自由和自由主义是最好的、最具有普遍性的价值。发轫于北京大学的自由主义传统在今天的复兴，一定会把一个自由的中国引进一个全球化的世界，而且为世界造福增光！"因为这篇文章，一些左派人士把李慎之讥讽为"中国自由主义之父"。李慎之的确很为自己作为新时期自由主义的始作俑者而自豪。1999年初，我和时殷弘教授拜访他时，他就表露了这一情绪，并且表示要再接再厉，从"五四"的传统再发掘出被主流所忽视的个人主义。但后来，我没有读到他这方面的文章，却发现他对中国历史传统梳理中，得出了另一个惊人的结论：中国恒故不变的文化传统是专制主义和它的对称物——奴隶主义。在发现自由主义价值和专制主义的遗毒时，他的确做到"语不惊人死不休"。他的结论未必准确，他的论据未必确凿，但是他在中国特定语境中阐发这些观念的勇气、他对问题的敏锐把握、他摆脱繁琐的经院式的论证回归常识的能力却很少有人超过他。

第五，是他对中国传统文化（哲学）极具启发性的评价和剖析。在这一问题上，他似乎处于一种非常的矛盾。1990年代中期，他来中美文化研究中心参加南大老校长匡亚明主持的中国哲学讨论会时，我非常惊讶。他解释说，他开始研究中国文化问题了，开会是为了以文会友。当时他宣读的论文好像是《中国哲学与21世纪》，我记得文中有这样一段典型的"李式排比句"：被哥白尼推到宇宙边缘的人，被达尔文分解到细胞的人，被弗洛伊德贬到只剩下本能的人，在21世纪必将重新回到宇宙的中心。而在对人的价值重新发现过程中，中国哲学可以有重要的贡献。因为在他看来，中国哲学是一门极富"真理性"、最具"群众性"和最能适应"时代性"的哲学，强调中国哲学的最高信念是"人者天地之心也"，只有"世界大同"、"天下为公"才是中国文化的真精神。可是，在2000年发表在《战略与管理》的重头文章，他却把中国文化传统概况为一言以蔽之的专制主义。这样的跳跃实在是让我像张召忠评论萨达姆惨败那样"看不懂"。这一跳跃或许与他的文人本质有关。他对中国文化常常有一种恨铁不成钢的感受，一方面醉心于其哲学部分的精湛简要博大精深，另一方面却痛恨其道德部分的伪善虚假及政治部分的专制暴虐，他显然无法把这两者统一起来，只能根据论题的需要，突出不同的侧重点。

四

1990年代后期，李慎之在出访德国时不幸中风。这次中风对他无疑是个沉重的打击。在此之前，他身体尚好，思维极端敏锐，讲话底气十足。但此后，虽然思维依旧敏锐，但行动开始不便，虽有拐杖相伴，但上下台阶显得困难。在体会到生命的脆弱和死亡的临近后，他的文章中常常出现"病废之身"，"气血已衰、身患废疾"的悲叹，其文字似乎也没有90年代中期谈古论今、纵横天下的气势和单枪匹马、主动出击的论战姿态，其中洋溢的相信进步、崇尚理性的乐观主义情绪也有所削减，流露出很多的无奈和深深的失望，显示了一种奋斗和战斗后的疲倦，表达出一种个人难以挑战制度、现存难以摆脱传统的苦闷，于是有了下辈子"再当一辈子中学公民教员"的感叹，于是有了那篇脍炙人口、让无数网民感动落泪、难以自制的《风雨苍黄五十年》。这篇感人的自述可能是中文网络世界中最有影响的一篇文字。虽然它没有文字版出版，但它必将成为千古名篇！无数的网民由此知道了中国还有一个李慎之，于是，李慎之完成了在短短的十年生涯中的第二次身份转变，从一个思想家成为一个虚拟网络世界中的大众明星。这大概是他写作这篇文章时所根本没有想到的。但却证明了十年前他自己的论断，信息化改变了世界。

李慎之虽然没有大部头的著述，但接触他的人无不被他通古博今、中西兼通的学识所触动。一位自恃才高、我行我素、颇有争议的社科院中年学者一再要和李慎之"过招"，难以摆脱后，李慎之与他深谈了一次，结果，此公逢人便讲，"李慎之的学问远在钱钟书之上"。害得李慎之只好说，此公"走火入魔"。实际上，李慎之确是钱钟书在社科院为数不多的可以对话的知己，这既因为他们是无锡同乡，也是因为他们对中西文化有着共同的旨趣。由于他们密切的关系，胡乔木有一次因为钱钟书修改自己旧体诗的事情发生误会，还请李慎之从中斡旋。

不过，除了钱钟书外，还有一位学者赢得李慎之的佩服。他就是已故的北京大学历史系教授罗荣渠。在为后者身后文集所写的序中，他坦言："仔细披阅老友的遗作，我的心情越来越深重。我得承认我对荣渠的了解是不够的，只是通过读他的文章，我才进一步认识到他的价值。当代中国据说正在经历着一个文化繁荣时期，可以称文人学者的人真是车载斗量；各种出版物何止汗牛充栋，但是真正能有世界眼光、历史眼光研究当前中国之第一大课题——现代化而又能有真知灼见者又有几人？荣渠未能尽展所长而猝然辞世，使我不能不为中国学术感到深深的悲痛。"

从这番真诚的话语中，可以感受到李慎之是个充满感情的人。很少有他的这样的干部能够保持自己的纯正率直的天性。作为性情中人，李慎之的喜怒哀乐总是溢于言表。正如他自己所评价的那样，

"我李慎之有时有一种二杆子脾气"。有时很难相信，他这样的人居然能够在三十岁不到就成为中共的高干：行政11级的新华社国际部副主任。他告诉我，这与他来自"延安"有关。作为末代"延安人"（1946年才到延安），他躲过了延安整风的审干和清查，而且比白区的干部更受重用。他玩命地工作，负责新华社《参考资料》（俗称大参考）的编辑，为中央提供"一日三参"，由于在1950年代中期苏联批评斯大林和波匈事件中提供的信息全面深入，深受最高领导的赞赏。自恃领导的赞赏，他便有恃无恐，加上没有经历过运动，更把知识分子的脾气带到了1957年的"大鸣大放"中，提出了"大民主"的理论，最后成为"钦定"右派。回顾往事，他感慨万千，告诉我："我李慎之说一句不会右派，说十句不会右派，可是，我说了上百句！"

他晚年曾经对人回忆说，被开除党籍后，"好像是离开了娘的孩子"，一想起自己是右派"就会掉眼泪"。他还自作多情地给毛主席写信："落红不是无情物，化作春泥更护花"。署名："一个党内右派分子"。在回复新华社为他平反、并赞扬他光明磊落的正式公函时，他居然会写下这样的文字："我没有你们说得那么好，我的极其严重的错误就是我曾承认了我没有犯过的罪！"可见，他书生的痴气，不论是反右的当年和平反的以后，都不曾有丝毫的改变。

有的人对祖国的感情总是想用语言来表达，甚至到了肉麻的程度。实际上，常常无法用语言来表达的对祖国的赤子之心，有时却会不经意中，意外地流露出来。内心敏感、阅历丰富者常会有这样的体验。一次李慎之告诉我，1970年代末他第一次到日本访问，在下榻的酒店中，看到日本妇女跪在地上，一丝不苟地擦洗地板时，触景伤情，流下热泪。他解释说："我不是为日本妇人的苦难而落泪，而是为我自己的民族失去了这样的敬业精神而伤感"。他还转述过这样的一个故事：1970年代，在文化大革命最黑暗的时期，日本公明党委员长竹入义胜第一次访问中国。周恩来接见了他，在会见后送客时，周恩来突然走到他的跟前说："竹入君，我们中国不会永远这样下去的。"说罢转身就走。竹入告诉李慎之，他当时分明看到周恩来的眼里噙着眼泪。李慎之记述道："我也分明看到竹入告诉我这句话的时候眼里闪着泪花。今生今世，我永远不会忘记这句话。"这就是李慎之对养育过他的祖国的情感。在李慎之的内心世界中，他有着与他同时代人一样的忧国忧民的情怀，但是，他却能超越狭隘的民族情感，从融入世界文明社会的角度来审视祖国的文化。正如他所说的："我是一个一直做着'中国文艺复兴之梦'的人。我希望且相信，中国文化首先是哲学会在下一个世纪有一个大的发展。不过，我认为要做到这一点，中国文化自己必须要下一番去腐生新、推陈出新的功夫，要能吸收其它文化的长处，首先是要能包容、消化以至超越与自己对立了这么些年的西方文化"。李慎之曾经赞扬罗荣渠是一位"有世界眼光的爱国者"，这或许也是对他本人的最好评价。

李慎之另一位好友是担任过外交部长的乔冠华。这两位惺惺惜惺惺的才子，五十年代曾经有过密切的交往。八十年代乔冠华在落魄中，李慎之常去看他。乔冠华去世时，李慎之写的挽联一直挂在他和章含之最后的家中。五十年代，他们从政时曾经相互倾诉各自的最想作的事：李慎之说，他最想成为一个大学校长，办好一所大学；乔冠华说，他最想成为一张报纸的主编，办好一张报纸。遗憾的是，这两位"把一生交给党"的知识分子，却无法实现他们心仪之事。而到了晚年，李慎之先生办好一所大学的愿望也降低到了"下辈子作中学公民课教员"，我不知道这是李慎之个人的悲哀，还是一个民族的悲哀。现在，李慎之已经随他的好友而去，他们总算有机会在另一个世界中尽情实现他们在现实世界中没能实现的理想。

2003年4月22日至23日深夜凌晨
草于获悉李慎之先生病逝

【作者简介】任东来，1982－1985年在中国社会科学院美国研究所读美国外交方向研究生，获硕士学位。1985年考上南开大学博士生，1988年获世界史博士学位。毕业后他曾为南京大学－霍普金斯大学中美文化研究中心教授。2013年不幸因病去世。

怀念李慎之先生

林晓云

几位曾在美国所一起工作的老同事邀我写一篇悼念慎之先生的短文。我们这些人，年轻时都曾受过先生的惠泽，某虽不才，怎敢推辞。好在关于先生的高风亮节，文章锦绣，自有妙人动笔，这里几句话只是在家人亲友的小型仪式上略表哀思而已。

三月底来北京，本有意去探望先生，但日程安排太满，只好放弃。也是因为计划中五月还要来，打算带一本将要出版的拙作给老人看看，算是不辜负他多年对我的关心。记得一年多前去探望，看他虽然腰有些弯了，但思维还是那么锐利，声音还是那么洪亮，谈锋还是那么健，所以，无论如何也没有想到他竟这样快地去了。这将是我终生的憾事。

但先生本人对自己的一生，我揣测应该是没有什么可遗憾的了。他身上集中了五四以来中国知识分子的美德，忧国忧民，赤子之心；关心世事，但不随波逐流；学以致用，但不趋炎附势。直到晚年，他从没有停止过对历史的反思，从没有忘记过国家的前途。后人亦不会忘记李慎之。

当然，我们怀念慎之先生，不仅因为他是一个历史人物。我们记忆里的他，是一个宽厚的长者。记得我刚调到美国研究所，因父母原是先生的相识，第一次见到他，不知应叫伯伯还是所长。但时间长了，发现大家都直呼"慎之"。在美国所时，他从不摆所长的架子，总是笑呵呵地走进各个研究室的房间，同年轻人平等地交流思想。他有他的观点，但他从不强加于人。他有很深的国学根基与马克思主义理论基础，但对时下的新思潮、洋理论也从没有嗤之以鼻，而是永远带有一种童心的好奇，带着一种没有先入为主的开放头脑去了解。记得八十年代初，他曾同我讨论过什么是"系统论"，什么是"测不准定理"。也许正是这个原因，他的"忘年交"绝不止美国所的一批批年轻人，而是遍布全国。如今先生去了，但关于他的记忆将留在遍布天下的晚辈学子心中。先生有灵，当含笑于九泉之下。

我们记忆中的先生，还是一位古道热肠的朋友。多年来，无论是在位还是不在位，先生都是得帮忙处且帮忙，将美国所一批批青壮年研究人员送往国外。得意时也罢，逆境时也罢，多少人受到他的呵护，多少人受过他的关怀，今天恐怕很难算清楚。

先生对我，也一向是很关心的，尽管我在美国所时间不长。在他手下工作，与其说是受他管，倒不如说受他熏陶。在多次为他与梅益、宦乡等社科院领导翻译的场合上，我耳闻目睹过他的才华横溢。有时在他的办公室，从一篇文章谈到古今中外，总是为他的知识渊博与独特见地所镇服。先生曾夸奖我思想中时而迸发出一些火花，但也指出我缺乏写文章的基本功，要我向所里其他年轻人如张毅学习。他也常说搞研究要踏下心来，甘于坐冷板凳。正是由于他这种对人才的关心，所以在先生底下工作的人，不敢不尽力，因为不愿辜负他一片好心。

但毕竟还是辜负了他。由于种种原因，我没有成为美国问题的研究专家，而是走上了另一条人生道路。不过，同先生相处的时间里，多少学到一些做人的道理。以先生的为人，恐怕这是他更加看重的。芳菲菲而难亏兮，芬至今犹未沫。

【作者简介】林晓云，德恒律师事务所全球合伙人，获英语学士学位、历史学士学位，行政管理硕士学位和法学博士学位，曾任纽约市立大学法学院兼职教授、《美国法通讯》主编、《牛津美国法指南》主编等职；曾在中国社科院美国研究所美国政府研究室任实习研究员，研究美国政府结构；一九九三年起在美国纽约、新泽西、加利福尼亚、佛罗里达、德克萨斯、宾西法尼亚、俄亥俄、田纳西等地联邦法院、州法院及全美仲裁协会和纳斯达克仲裁部等美国仲裁机构代理多家国内外企业诉讼抗辩。

飘然思不群 —— 回忆李慎之先生

邓方

1984年，我在北京大学社会学系获硕士学位，由于一个偶然的机会来到美国所工作。当时，李慎之先生任所长，我有幸多次直接聆听他的教诲。1989年，我离开了社科院，赴美留学，毕业后在美国任教。暑假给了我回国探亲的机会；每次回国，我都去拜访李慎之先生，直至2002年。

李慎之先生离开我们已经十年了，但他的谈笑风生，音容神采却还是那样栩栩如生，令人无法忘怀。虽然能够口若悬河，高谈阔论，但李慎之先生从来不尚空谈。他讲文化，谈人生，论哲学，评时局。和他谈话，真是一种难得的享受。他的思绪像风筝，像汽球，引领着我们在广袤的知识世界里遨游；那是一种享受"自由"的精神之旅。无论位居高位，还是身处逆境，李慎之的思想永远是活跃的；不仅如此，他的思想还具有超常的深刻性和批判性。从五十年代主张大民主，到大跃进失败后所采取的批判态度，至七十年代末期进入社会科学研究领域，李慎之对于问题的分析始终是精辟深刻，入木三分。与人辩论，常以对方无言答对而告结束；以至于所内曾有人善意地以"孤傲"一词形容他。但李慎之决心为自己的独立之精神与自由之思想而享受这份"孤傲"。这正如杜甫对李白的赞誉："白也诗无敌，飘然思不群"。

今天回忆李慎之，我不禁问自己：李慎之的独立之精神和自由之思想从何而来？如果对这个问题能有一个比较明确的答案，至少我们可以仿效他，争取获得某种程度的精神独立及思想自由。如果不能正确地回答这一问题，我们便无法真正地认识和理解李慎之，那么我们对他的回忆和纪念便失去了应有的意义。

　　长期以来，和大多数人一样，我曾经认为，个人能否具有思想自由取决于合理的政治制度；没有政治制度的合理化，个人的思想自由便很难实现。但以李慎之为例，这种认识的偏颇之处显而易见。因为在同样的制度下，我们看到了不同的结果：当许多人在不合理制度的禁锢下丧失了思想自由，李慎之的思想是自由的，精神是独立的。由此可知，在一个社会中，制度的重要性在于它是否赋予人们特定的权利以享受自由；然而，个人的思想是否自由，则不完全取决于个人所拥有的权利。李慎之的思想是自由的，精神是独立的，这与他所享有的权利无关。

　　2011年，在德国纽伦堡埃尔兰根大学国际人文研究中心举办的"高行健国际学术讨论会"上，高行健（2000年诺贝尔文学奖获得者）也曾经从另一个角度，谈及政治制度和个人思想自由的关系。他说："面临全球化的市场经济，当今时代的民主政治并没有从根本上改变人的生存环境，赐予个人更多的自由。存在于政治背后的利益的权衡与市场的利润法则，通过铺天盖地的大众传播手段，入侵生活的每一个角落，个人的自由安在？这亘古不变的问题依然令人困扰，这也是我的作品企图回应的"（明报，2012年2月号）。他认为："启蒙时代的人道主义把自由作为人与生俱来的权利，乃是一种理性的呼唤。从人道主义出发的现时代的自由主义，把自由与人权作为旗帜，也还是一种意识形态，并非现时代人生存的真实条件。这自由还得靠人们自己去争取，即使在民主政体下的社会也不会无偿的免费赐予，尤其是思想的自由"（明报，2012年2月号）。我个人认为，凡是在民主制度下生活过一段时间的人，都可以在某种程度上理解高行健的观点。这是因为即使在民主制度下，我们仍然看到了不同的结果：某些人有独立的精神及自由的思想，另一些人则人云亦云，其思想或者被政党利益及"政治正确"的意识形态所禁锢，或者为"无知"及"偏狭"所束缚，从而完全丧失了思想自由。

　　种种证据表明，思想自由并不是什么靠宪法所能够赋予及保护的某种权利，也不是某种特定政治制度的产物。在民主政体下，公民的言论和思想自由为宪法所保护，但缺乏独立精神和自由思想的，大有人在。在非民主政体下，公民的言论自由被剥夺，思想受到禁锢，但我们有李慎之和像李慎之一样具有独立精神和自由思想的公民们。这是为什么？

思想自由不同于言论自由，是否有言论自由取决于政治权利，而是否有思想自由则取决于个人能力。李慎之之所以具有独立之精神和自由之思想，是因为他具备这种能力。"自由"意味着选择，"选择"以比较为基础；因而，能够自由地思想必须有进行分析和判断的能力。然而，这还不是李慎之所具备的最重要的能力。因为对任何人而言，如果要正确地作出分析和判断，都必须具备一个前提，这个前提就是应当掌握相应的知识。如果不学无术，头脑空空，便没有分析和判断的对象，"选择"更是无从谈起，所谓"思想自由"不过是自欺欺人。1987年，美国著名学者布鲁姆 (Allan Bloom) 曾这样批评美国的高等教育："现在的美国大学生在他们还没有建立任何信仰的时候，就已经学会怀疑和批判所有的信仰了。……任何人都必须首先有真正的信仰，只有具备了这种经验，你才有资格去怀疑，去批判，在这之后，你才能尽情地享受思想自由和挣脱羁绊所带来的欢娱和激动"(The Closing of the American Mind, p.42-43)。

李慎之所具备的最重要的能力，是他那种探索真理和掌握人类智慧的能力。由于具备这种能力，他有享受思想自由的"资格"，他所作出的正确分析和判断是以必要的知识和信息为基础的。这种探索真理和掌握人类智慧的能力，与政治及意识形态完全无关，而且可以摆脱文化和历史的羁绊。1997年，李慎之自己曾描述了这种能力："我们永远要培养自己求真的精神。'科学'就其本源说，只能是由求知的好奇心驱动，纯粹为求知而求知，只问真理，不计功利的学问"(中国的道路，195页)。不具备这种能力，便不可能有独立之精神和自由之思想。回想在和李慎之相识的那些年，他不但自己身体力行，而且无时无刻不在教育着我们，如何培养自己探索真理和掌握人类智慧的能力，增长自己的分析和判断能力。

记得那是1985年，《美国研究参考资料》发表了我入所后写的第一篇文章。李慎之把我叫到他的办公室，一番简短的肯定和鼓励之后，他问我："读过黑格尔的《小逻辑》吗？"我不禁为之一震。我平时读书不多，像黑格尔这类德国古典哲学家的著作更是从未接触过。这次让所长一下就抓住短处，自己觉得很没面子。李慎之接着说："黑格尔的《小逻辑》和《大逻辑》都要读，这两本书都是讲辩证法的，很重要；黑格尔对辩证法的贡献很大，他在思辩哲学上达到了顶峰……"李慎之的一番教海，使我觉得他很特别，和我在大学里接触的老师们大不一样。作为文化革命之后的第一届大学生，我当时已经读了四年本科，外加两年研究生。回想六年的学习经历，同学中从未有人认为"学习辩证法是重要的"。在当时所有的必修课中，哲学课也被认为是最无聊，最没用的。更有甚者，这种看法不仅为学生所有，而且也是老师们的共识。"学好数学，学好英语。这是你们所有课程中最重要的两门课。"大学老师这样谆谆告诫我们。在研究生学习期间，我的导师也曾反复提醒我："数学和英语是从事社会学研究最重要的工具，一定要在这两门课上下功夫。"正因为如此，我和当时的大多数学生一样，终日背诵英语，演练统计数学。感谢我的导师和大学老师们，因为，在某种意义上，我们的确掌握了极为有用的"特定方面的知识"。但是我们充其量不过是一种"工具性"的人才，而这种人才是很难具有"独立之精神"和"自由之思想"的。

在我们谈话的过程中，李慎之从不去争辩美国研究中的细节问题，也从不涉及我个人研究的特殊领域。他关注的是那些超越了"特定方面知识"的"知识"。他谈论黑格尔的辩证法和费尔巴哈的唯物主义，他告诉我："柏拉图曾经主张，哲学家应当成为国王，或者说国王应当成为哲学家……"尽管对于当时的我，他所用的词语都是十分生疏、抽象的概念，但我也似乎懵懵懂懂地明白了一个道理：要做好"美国研究"，功夫还要花在"研究美国"之外。下班后，我去新华书店买了黑格尔的《小逻辑》。李慎之就是这样，对像我这样从事学术研究的新人，从入美国所之初，便努力把我们带入一种新的学术境界；在那里没有"政治干涉"和"时髦的学问"，没有"功利"和"世俗"，有的只是探索真理和掌握人类智慧的满腔热情。

后来，我又连续在《美国研究参考资料》上发表了几篇有关美国社会研究方面的文章。李慎之不甚经意地告诉我："世经所有人看了咱们的刊物，向我问起你：'你们美国所有个邓方……'"随即，他话锋一转，和我谈起"博"与"精"的关系问题。他说："要想思想深刻，必须知识广博；知愈博，而心愈明。"当时，我意识到他和我讲这些，一定是认为我的文章"不够深刻"，眼光"不够尖锐"。我心里暗中抵触："上次谈话，你说我的文章有观点，有内容；美国研究所需要的就是这样的稿子。这次怎么变调了？"我虽然心里不服气，但不敢公开顶撞，只是神情木然。李慎之继续解释："'博'是'精'的基础，没有广博宽厚的基础，'精'就会成为无本之木。才智高者，能为博矣。多学多识是取得研究成果的关键……"他的教诲真诚而亲切，使我感受到他对我这种学术新人的关爱，也逐渐地化解了我心中的不满情绪。谈话结束时，我深切地感到，为了美国所的学术建设，李慎之确是殚精竭虑；为了美国所的前途，他更是尽收当时可用之青年而努力教化之。

与李慎之的几次谈话，对我影响很大。令我印象最为深刻的是，每次谈话，他都把"学习"作为主题，而每次他所倡导的学习内容，却都是与"专业"完全无关的知识，其中以哲学知识为主。记得当时谈话之后，我曾经感到困惑：自己已经走出了校门，结束了学习生活，可每次所长和我谈话却总是言必谈"学习"，这是为什么？我自认在接受了六年的大学及研究生的培养之后，自己多少也算个"专业人员"，可为什么所长一定要我们下大功夫再去学那些与专业知识相距甚远的其他"知识"呢？特别是当李慎之在谈话时，间接地批评我的文章"不够深刻"以后，我也曾苦恼过：什么样的文章才够得上"深刻"，称得上是"有眼光"呢？我怎样才能写出这样的文章？

由于初进美国所，对李慎之存有敬畏之心，未曾向他坦言过这些困惑和苦恼。但按照他为我们指出的路子，我似乎也多多少少地悟出了其中的一些缘由。我当时模模糊糊地意识到，有两种不同的"美国研究"。第一种是在"外因决定论"指导下进行的美国研究，这种研究不外乎是先给美国社会拍张快照，然后说明取景的"原则"以及景物的"成因"，而在这有关"成因"或"根源"的讨论中，"历史"和"文化"则永远是两个具有决定性作用的外在因素。这种"美国研究"是肤浅的，意义不大。因为根据这种研究，照片上的任何景物，都反映了当时当地的"特色"，是"历史"和"文化"的产物；而我们没有美国的"历史"和"文化"，因此也就不可能出现照片上的任何"美国景物"。既然如此，那么我们研究美国的目的又是什么呢？

第二种是在"理性选择原则"指导下进行的美国研究。这种研究拒绝接受"外因决定论"，因为在相同的"历史"和"文化"条件下，常常会出现"不同的景物"；因此，"不同的景物"并非完全是所谓具有特色的"历史"和"文化"的产物，而是不同的人或组织或国家进行"选择"的结果。研究者的任务就是要说明决策者所依据的选择原则是什么，哪些"原则"是理性的？哪些是非理性的？作为决策的结果，哪些"景物"是好的？哪些是不好的？通过这种美国研究，我们可以"择其善者而从之，其不善者而改之"。

我意识到当时自己所写的文章大多是属于第一类的，无怪乎李慎之认为它们"不深刻"，"缺乏眼光"。而我当时之所以写不出第二类的文章，也正如李慎之所指出的："学不博者，不能精约。"我所缺乏的，不仅是一般知识和专业知识。因为分析和判断"理性"和"非理性"，"正确"与"错误"，必须以相应的人文知识为背景，其中以掌握哲学知识最为重要。

李慎之对于哲学有特殊的偏爱。当时美国所在建国门大楼十三层，中午，所里不少人都在所图书馆选一个格子间作休息室，李慎之也不例外。每次午休，他手上总是拿着一本书走进格子间。一次，我好奇地问他："所长，你看什么书呢？""冯友兰的《三松堂自序》。"李慎之回答。作为中国哲学界的思想大家之一，冯友兰在文化革命中的表现已是尽人皆知，当年和我们同住北大研究生宿舍的哲学系研究生经常向我们谈起冯友兰的"批林批孔"。所以我对李慎之脱口而出："冯友兰在北大学生中名声很不好，看他的书让人觉得不舒服。"李慎之一脸严肃地反驳："你们可不能因人废言，更不能在泼洗澡水时把婴儿一起给倒掉。冯友兰的学问最大，他的《中国哲学史》写得很好，有观点，有材料。当年是列入'清华丛书'的。我已经读过不止一遍。他的《中国哲学史》，你一定要读。"李慎之对冯友兰的一番评论，使我感到自己的孤陋寡闻，但我还是设法为自己辩解："我读过他的《三松堂自序》了。可我不是学哲学的，读他的《中国哲学史》，可能不大容易。"李慎之立刻解释说："冯友兰还有一本《简明中国哲学史》。我建议你先读这本，然后再读《中国哲学史》。"正是从那时开始，我按照李慎之要求的，读了冯友兰的《简明中国哲学史》，随后又颇有兴趣地读了他的《中国哲学史》，自感受益匪浅。李慎之正是这样以他自己的孜孜以求，勤勉好学以及诲人不倦，为美国所树立了"崇尚知识，崇尚学问"的清新健康的学术环境。

李慎之的博学多识，在美国所尽人皆知。别的姑且不谈，看看他的"朋友"圈子，便一目了然。什么样的人算是"朋友"？布鲁姆这样解释："古希腊哲学家柏拉图认为，'朋友'就是那些在一起讨论哲学和智慧的人。他们具有向学之志，渴望知识。对真理的共同追求把他们联系在一起，对问题的不同见解使他们互相取长补短"(The Closing of the American Mind， P.381)。这里所说的李慎之的"朋友"，正是这种意义上的"朋友"，他们来自古今中外：孔子，孟子，柏拉图，黑格尔，王国维，梁启超，陈寅恪，哈维尔，哈贝马斯，亨廷顿，冯友兰，顾准……每次李慎之在所里讲话，他都是观点鲜明，旁征博引。无论何时，提及这些著名哲学家，历史学家，政治学家以及经济学家，他总是娓娓道来，如数家珍般地介绍着他们的思想和见解，然后恰到好处地与他要说明的问题结合在一起。每当这时，从没有人感到他在卖弄或炫耀自己的博学多知，而是为他的精辟见解而折服。我还记得自己当时对他的敬佩之情不禁油然而生：李慎之怎么读了这么多书，他和这些著名的大学问家们在思想上怎么是如此的"亲密无间"。

2000年前后探访李慎之，看到他的身体正在为病痛所困扰，他对此从不掩饰，也不回避。每次见面，他总是以"衰朽残病之躯"，"年已老迈"以及"学力不足"等自嘲。但这种实事求是的态度，却显示着强者的力量。他勇敢地面对现实，从不粉饰太平。尤其令人印象深刻的是，他和陈寅恪等著名学者有着惊人的相似之处："衰朽残年"抑或"病残之身"从未能够阻止他们孜孜不倦的探索和求真精神。陈寅恪先生四十年代即双目失明，一九六二年又遭腿骨骨折卧床，仍顽强著述创作。理解并尊重知识分子的陶铸曾说："陈先生，七十四岁，腿断了，眼瞎了，还在一天天著书"（《陈寅恪的最后二十年》，394 - 395页）。陈先生在其生命的最后阶段，最终完成了八十万言巨篇《柳如是别传》，这在常人看来几乎是不可思议的。

李慎之先生也同样具有这种特质。那时，他正为中风，前列腺炎和神经疼等疾病所困扰，可无论怎样"年已老迈"以及"病痛缠身"，每次见面，他总是兴趣盎然地询问美国的情况。从"后现代化"思潮到"文明的冲突"，从"全球化"到美国社会面临的种种问题，他的提问一如既往，仍是那样咄咄逼人。从他那神采奕奕的表情上，只能看到他那经久不衰的旺盛的求知欲，而看不到丝毫"学力不足"的迹象。谈话时，我通常坐在他的写字台旁边，书桌上摆满了他正在看的书和写了一半的稿件。柏拉图在"理想国"中曾经这样描述那些"探索真理和热爱智慧之人"："当他们把别的快乐和发现真理以及永远献身研究真理的快乐相比较时，他们会认为别的快乐远非真正的快乐。他们总是全力要想认识事物的真理。……他们的心灵永远渴望逗留在高处的真实之境"（279页）。陈寅恪和李慎之都是这样的"探索真理和热爱智慧之人"。

正是李慎之的执着与坚韧，博学与多知，使他的视野极其开阔，思想异常敏锐。他总是能够清醒地看到常人看不到的问题，并能透彻地阐释这些问题的本质。如果把八十年代的"美国研究"比作一艘航船，当时，我和一批新人是带着迷茫登上这条船的。因为"美国研究"不同于其他领域，它没有二十世纪初以来国内知识界在这一领域业已形成的任何传统可以继承，同时我们对国外社会科学界在这一领域的相关研究更是知之甚少。这艘船应当驶向何方？尽管我们还没有找到答案，但登上船后，立即就感受到有一股汹涌的浪潮裹挟着我们向前驶去。那股浪潮就是以发达国家为样板的现代化思潮，它在八十年代的中国知识界颇为流行。当时的我，孤陋寡闻，随波逐流，"美国的今天就是中国的明天"，这样的"憧憬"使得我理所当然地认为，"美国研究"这条航船应当毫无疑问地向"西"行驶。

是和李慎之的一次谈话，把我从这种狂热中唤醒，使我开始意识到自己思想上的盲从以及学业上的肤浅。记得当时我进美国所不久，那次谈话源于李慎之对年轻一代的忧虑。他说："现在的年青人，包括你们这些从北大出来，还拿着硕士学位的人，太不了解中国文化了，甚至完全不知道什么是中国的传统文化。"我不得不承认这是事实，对于我们这一代，"传统文化"不过是语文教科书里的几篇课文和"批林批孔"中作为批判对象的那些古文，再加上自己看闲书时所学到的"只言片语"。可对于当时一心"以美国为蓝图来改造中国"的我，完全不能理解李慎之先生的忧虑。我很不得体地回复他："一张白纸才好画最新最美的图画呀。"

也许是我的想法在李慎之看来实在幼稚可笑而且不着边际，他根本没在意我的反应，接着说道："中国文化的'孔颜之乐'是和物质条件完全无关的。孔子称赞颜回：'贤哉，回也！一箪食，一瓢饮，在陋巷，人不堪其忧，回也不改其乐'"。他继续说道："在世界上，没有任何一种文化能够把'乐'和'贫穷'联系在一起。在美国，没有钱就是穷人；穷人，就是'Lower Class（社会最低阶层）'；哪里有'乐'而言。只有中国文化，提出了这样的价值观。"我当时并不完全理解李慎之所说的那种"价值观"是什么意思，但那是我第一次面对面地见证我们学术界的前辈，如此鲜明地肯定中国的传统文化。当时洋溢在李慎之先生脸上那份自豪感和他作出此种断言时的铿锵之音，至今使我无法忘怀。除此之外，李慎之在八十年代的全所大会上，也曾专门讲过中国哲学、中国文化与西方哲学、西方文化的种种差异，盛赞"修齐治平"和"安身立命"为中国文化之精华。

在以发达国家为样板的现代化思潮充斥着中国知识界的八十年代，不少人曾经感到躁动与狂热，以至于迷失了前进方向。但"美国研究"这艘航船在惊涛骇浪之中，一往无前，未曾偏离其航道。因为李慎之先生是我们的船长和舵手。是他教会了我们年青一代，任何学术，包括"美国研究"，都有一个从事研究的出发点问题；而正确的出发点是"求真"，是区分"好"与"坏"；而不是服务于任何意识形态或者是迎合任何社会思潮。不同的文化有不同的"好"与"坏"，我们从事"美国研究"，就是要认清我们传统文化的精华与糟粕，取"美国之长"补"中国之短"；而不是去简单地肯定一种文化，否定另一种文化。回首往事，我深感幸运，自己初入学术研究领域，便得益于李慎之的指导与教诲。他对我们年青一代的影响之大，只能以"一日为师，终身受益"予以概括。

李慎之和我们谈话，从不涉及功名利禄或生活琐事。一个人在生活中关注什么，反应了他的思想境界和个人情趣。苏格拉底曾说："真正的哲学家专心于真理，穷年孜孜不倦，尚恐时日不及。他们无瑕留心世物，更不以嫉妒为心，而纷与世人争衡。他们的目光常注永久不变之真美与真理，力求己身之行为动作，与此相合"（理想国，185页）。在我的心目中，李慎之就是这样一位哲人。但也有一次例外。那是2001年暑假，院里给了李慎之新房，他家将从永安里迁往潘家园的社科院宿舍。他对我说："下次你回来，我就搬到潘家园了。""什么时候搬过去？"我问。"还不能确定，因为新房还没有装修。"李慎之答复，接着他仿佛自嘲似地笑着说："我要告诉你的是，装修大概要花几万元；装修完了，我的银行帐户也就空了。"和李慎之相识近二十年，那是他第一次谈"钱"。

但正是在这次谈话中，李慎之展现了他的高风亮节；身居高位，两袖清风，一生之积蓄，不过区区几万元。但这正是我们心目中的李慎之，美国所同仁谈及他的清廉作风，无不为之称道。放眼中国的官场，贪官污吏比比皆是，苏格拉底曾经维妙维肖地描绘这等贪婪之辈："他们放弃道德学问，徒从事于饮食肉欲之中。……未尝有进取之心，其情形适于走兽同。因为他们沉溺于酒肉，以醉饱为乐事；这无异于牛羊之俯首地上，只知果腹而不知其他。若彼此之欲望无餍足而起争端，则无异于兽之彼此以角激战也。"（理想国，276页）

李慎之先生离开我们已经十年了，我们失去的不仅是一位令人尊敬的领导和前辈，我们失去的是一种精神。这是一种崇尚自由思想的独立精神，这是一种孜孜以求探索真理和智慧的精神。如今当我们面临着文化堕落，道德滑坡和精神萎缩，李慎之精神显得尤为珍贵。今天，我们在一起缅怀李慎之先生，他在九泉之下如若有知，一定会希望我们继承他的精神，宣传他的精神，并将其发扬光大。

2013年6月

【作者简介】邓方，1985年-1989年在中国社会科学院美国所工作，曾任美国所助理研究员 及社会研究室副主任。1996 年获美国芝加哥大学博士学位，现任美国马萨诸塞州州立大学 (Bridgewater State University) 社会学系教授。主要著作：Unintended Outcomes of Social Movements，London and New York：Routledge，2011，2013

学无止境，始于足下

—— 回忆李慎之关于青年学子治学见解点滴

王大新

1982至1988年，我曾在李慎之主持创办的中国社会科学院美国研究所工作。在李慎之任所长期间，由于当时我们几个刚从校门出来的年轻人就住在办公楼，而李慎之又常常在办公室工作很长时间，我们有很多机会与李慎之交谈，讨论学术与非学术、国事及非国事等等话题。李慎之谈锋甚健，大多数情况下是你"讨教"，他"论述"。这里记述的是自己体会的李慎之关于青年学子治学见解的点滴。

潜心与多耕

跟李慎之交谈，给我印象最深的是他的"坐冷板凳"理论。理论两字当然是我们所里的年轻人开玩笑时给安上的。李慎之借用范文澜的话强调，青年人要想事业有成，首先要有坐冷板凳的思想准备，要有决心和耐力。古今中外大学问家的成长过程，鲜有例外。

据我理解，李慎之冷板凳理论的核心可能是"静心多思"四个字。做学问是一个特殊行业。它需要热情、想象力，更需要一颗平实的心、清晰的头脑、敏捷的思维、不断探索的毅力。对一个课题，你要理解问题所在，了解前人所为，辨别检验现有方法优劣。所有这些，都需要踏踏实实地去调查研究。只有你的"笨拙"功夫下得越深，你研究结果的结论离"真理"才越近。

冷板凳理论在治学上的另一个含义是从小课题、解决实际问题的课题做起。李慎之有时会引用胡适的"多研究问题，少谈些主义"来阐述他的关于青年人应该树立怎样做学问的态度。形象地来说，做学问就像是盖一个楼。一个人如果一个小房子都不会盖，很难想象会盖得起高楼大厦。盖小楼、做小课题坐"冷板凳"的意味很重。李慎之认为这是社会的需要，也是个人通往做大学问的有效途径。

提倡坐冷板凳，并不意味着你可以"面壁十年"，只研究不结果。记得当时在美国所，每年年底都有一次个人研究成果或出版物统计汇总。李慎之还是很重视这些统计数字的。他认为，一个研究所有没有存在的理由，一个硬指标就是这个研究所出多少活，出多少好活。如果一个研究所长期默默无闻，没有研究成果，或不足以多到或好到社会认知你的程度，你就无法向社会证明你有存在的价值。如果对社会没有任何贡献，国家也就没有必要养这么一个研究所。同样的道理也适用于个人。

潜心多思与勤耕多作两点要求，初看似乎有点矛盾。时间长了，跟他聊得多了，慢慢体会到他强调的是两个不同方面。前者强调潜心探索，避免心境的浮躁，研究上的疏漏。后者强调工作的勤奋，社会的贡献。实为相辅相成。

兼容与创新

取众家精华，融而用之，是李慎之常提到的一个治学方法。

用某一理论分析现实社会的一个现象，是社会科学研究中经常碰到的一个问题。记得美国所建立之初，正值中国开始改革开放。适应大环境，美国研究也集中在两个方面。一是美国国情国力研究，知己知彼以利经济开放。二是美国国政国体研究，洋为中用，推动经体改革。后者有时就涉及到用什么理论或如何进行美国经济体制分析研究。类似这些问题，李慎之认为不要墨守成规。只要你能把一个问题分析到位，自圆其说，这就好。

据我理解，李慎之认为理论是重要的。缺乏理论分析就会没有深度。不过，一，理论的选择要以是否能最有效地帮你分析问题为原则。二，在具体问题上，思考方式不一定要受其束缚。三，要谨慎大胆尝试新思想新理论新方法。研究人员应该让社会，历史去判断你的研究结果，自己不一定要束缚自己去限定研究方法的取舍。

　　除了不要拒绝使用外来理论，李慎之更看重融会创新的概念。新的理论可以是老的不同理论的重新组合以适应新的问题。如果一个研究人员能够融会贯通各种理论派别，综合自立一说，那就是一个大学问家。按照李慎之的说法，作为一个研究人员，并不一定都要或都能达到这一点。如果做到了，那他就非同小可。

　　李慎之还强调要多学科、多角度去研究一个问题。科研方法的兼容不一定是同一学科不同理论的融会，还可以是不同学科、不同角度的方法综合。李慎之认为这样可能会找到人们意想不到的，甚至更富有启发性的结果。记得在一次讨论日本二战后经济增长的原因时，他指出，很多人把重点放在日本经济体制、政府政策、外部经济环境等等因素上。但有一点大多数人可能没有好好注意到，这就是日本民族的忧患意识。日本是一个岛国，缺乏自然资源，在世界经济竞争中处在不利地位。正是这种压力，促使日本民族努力工作，不断扩张，最后变劣势为优势，走上经济大国之列。李慎之没有说这能解释一切，但作为一个因素应该受到重视。

　　不要摒弃国外被历史证明为有效的方法，是李慎之兼容理念中的又一内容。他常用的比较通俗的话就是"洋为中用"。在你研究外国问题时，不要光盯着别人的缺陷，更要看到别人的长处。后者正是我们所需要的。更形象一点，当你自己不会走路时，看看别人怎么走就行了。这样既经济又省力。如果别人走路的方法经历长期实践证明走得不错，不管你认为自己的路走得怎么好，结果不如人家，那就老老实实地把别人的东西拿过来，为我所用。

　　理论上融会创新，方法上综合探索，内容上博取精用，是我理解的李慎之治学方法上的几个内容。其背后的道理是寸有所长，尺有所短。取人之长，补我所短，不仅是研究，也是社会改革的一个有效方法。不过李慎之常告诫道，有些东西说起来容易，做起来难。要做到兼容并蓄，并达到好效果，关键是要融会贯通。思想要开放，不能总是用批判的眼光看新世界。不能吃夹生饭，要扎扎实实把人家的东西吃透。兼容在学术上与其是一种方法，不如说是一种研究境界。

逻辑与文采

如何写文章，如何写科研报告，是我们与李慎之聊天中常论及的一个话题。有时你把你写好的文章让他过目，无论文章长短，只要他有时间，他就会认真帮你看，也乐于给评语。总的来说，他认为只要你的文章有内容，你把事情讲清楚了，而且读者也看明白了，这就是好文章。

记得一次他对文革中的反对"八股文"的运动聊了一些看法。他认为，八股文之所以在中国历史上的科举制度中存在，是有一定的道理的。因为人们的思维模式有其共通性。文章作为人们思想交流的工具，遵循人们思维的共通性来阐述，有可能提高文章作为思想交流工具的效率。从这一点上来说不能一概摒弃。

李慎之认为，有人把八股文比作开中药铺。这个比喻应该说挺恰当。但是如何看"开中药铺"则是见仁见智的问题。有人说八股文枯燥无味，结构格式化。这种批评不完全错，还有一定的道理。不过我们也应该承认，至少人家通过一二三四、甲乙丙丁这种方式，把事情讲得头头是道。这就达到了交流的目的。在社会科学研究中，需要更多的是阐明道理的文章，不是仅供人们欣赏的文字。

当然李慎之并不是说开中药铺是唯一把事情讲清楚的方式。我的理解是，他要说的是假如别的做不到，就先从这里开始，而这不是一个太坏的选择。记得来美国不久，赶上克林顿竞选美国总统。从电视上，常看到克林顿用 ABCD 方式向美国公众解释美国的问题、治国的理念和方法，与公众交流很有效果。当时就使我联想起李慎之对中国"八股文"的评论。对照现实例子，自己深有感触。

李慎之认为，文章的格式并不是要千篇一律。假如你对研究对象有更深的、更宏观的理解，你的阐述逻辑不一定是一一摆开，也可以层层深入，从表到里慢慢展开。这样文章能达到引人入胜的效果。

好的文章，除内容和逻辑外，还要有好的文采。文章有内容读者会愿意看。文章有逻辑读者能看得懂。文章有文采，读者会有更深的印象。李慎之认为，文采可以增加文章的可读性，能够帮你更好地"说服"读者。在承认文采的重要性后，他指出，1，作为科研人员，相对于内容和逻辑，文采应该是第二性的。2，文采是作者综合文化修养的反映，可望不可即。3，有好文采的人，不一定就是一个好的研究人员，反之亦然。所以，每一个青年研究人员要以研究目的、个人能力考量尽自己最大努力。文章写清楚就好，不一定要十全十美。

灵感与深度

在我们刚入所时，李慎之告诫我们，在社会科学研究领域，对许多刚入门的青年学子，一个很大的挑战是如何找课题，如何做课题。他说，刚开始时你会觉得什么事情都很新鲜，什么事情都值得研究。经过一段时间，你对你研究的对象范围知之越多，你对事物的敏感度就越低。这时你反而觉得一切都那么自然，没有什么可研究的，或没有什么可写的。

自己个人的经历证明确实有这么一种现象。当时跟所里其他几个要好的科研人员交流，他们也有类似感觉。作为这一现象的结果，你可能会写出很多东西。但由于你自己对你所写的东西看得比较表面，写出来的东西就可能缺乏深度。反之，你在科研上会变得谨小慎微，影响你的科研数量。

尽管有这种研究深度问题，李慎之的看法是，青年人还是要重视自己对新事物的新鲜感。不要认为这是青年人的缺点。不要自"装"深厚，认为这没什么，那没什么。如果是这样，那你自己就真的什么也做不成。对陌生事情有好奇心、探索心，是科研人员应该有的素质；也许这种好奇确实是由于自己少见多怪，但从好奇到知之，也是对青年人自己知识的一种积累、提高。刚开始时不能，也不要怀疑自己对新东西或新课题的选择是否太幼稚。

实际上，当你成为资深研究人员时，你也应该有"好奇心"。只不过你应该从不同深度去发现研究对象的新鲜感。改变自己"麻木"状况的最好办法是对通常认为平常、自然的东西多问几个为什么。他说现在小学生都熟知的牛顿的"苹果为什么从树上掉下来"的故事就很能说明这一点。只要你自我保持警觉，科研的好奇心不一定会因为你知识积累得多而消失。

为了既避免失去新鲜灵感，又避免研究过于肤浅，李慎之建议要多动手，勤思想，精课题。

"多动手"是指当你一旦发现有新的问题值得研究，就随手把它记下来。平常见到相关文献则随手收集归档，积累材料。所以你可以在同一时间准备多个备选课题。

"勤思想"是指在你准备不同的课题时，随着材料积累和平常无意识浏览的增加，可能在你准备着的众多课题中有几个你会特别感兴趣。这时你可以有重点地去思考，找人讨论，获取更多知识，理清大思路，为下一步更系统更详细的研究做准备。

"精课题"是指在一段时间内，只做一个课题。这样能保证你集中精力深入研究。人的能力是有限的，不可能在同一时间干不同课题而不影响质量的。

"多动手，勤思想，精课题"是我对李慎之方法的粗略归纳，即做着一个课题，想着多个课题，准备着更多的课题。有次序，有主次，有积累，从而提高自己的科研效率。这样既可以避免新鲜灵感的消失，又能有时间保证科研的深度探索。

李慎之还建议，写好文章后最好把它锁在自己的抽屉里几个月。不要急着拿去发表。几个月后再拿出来自己看看，你就会对你的研究是否有价值，结果是否正确有更好的评价。只有在你第二遍审阅你写的东西仍然觉得还不错的时候，你再找同行评论，做最后修正。

结语

与李慎之聊天，在精神上是一种享受。他纵古论今，横贯中西，使你增加不少知识，得到不少启发。这里记述的仅仅是自己记得的李慎之关于青年学子治学态度、治学方法上的几点见解。记述的内容不完全，自己的理解也不一定准确。但是正是他的鼓励和引导，使自己当时一步一步进入社会科学研究领域。如今自己虽已转行他业多年，他的关于脚踏实地、不断追求的勉励仍然使自己受益匪浅。

故以此题为文，纪念和感谢我的良师和所长 —— 李慎之。

2019 于美国旧金山

【作者简介】王大新，1982-1988年，在中国社会科学院美国研究所从事美国经济研究。1988-1991年为美国加州柏克莱大学和纽约哥伦比亚大学访问学者。1991-1995年为美国北卡大学 Chapel-Hill经济系研究生。1996年后，在不同私营公司从事软件开发和数据分析。退休前，就职于美国旧金山机构投资公司做量化模型和基金管理相关的软件开发工作。

难以忘却的回忆：纪念慎之老师

任越

转眼间，慎之老师已经离开我们十年了。我作为中国社会科学院美国研究所第一批四名研究生之一，从1982年见到时任美国研究所所长的李慎之老师时算起，迄今已经三十年了。虽然年代久远，慎之老师的音容笑貌却仍然深深地留在我的脑海里。我不善记忆，也无写日记的习惯，只能凭我的记忆，说说我对恩师慎之先生的印象。

老实说，刚到美国所读研时，我对慎之老师主要是敬畏。刚进所不久，负责研究生的老师就给我说过，按照慎之老师的标准，我们都是不合格的。还是这位老师为我们力争，说考我们美国所的研究生是竞争最激烈的，如果都不要的话不太合适，我们才算是有了到中国社会科学的最高殿堂里学习的机会。还记得慎之老师第一次召集我们四个人开会时曾直言不讳地告诉我们，诸位虽然是美国所的研究生，但中国文化一定要过关。因为，如果我们的英语或西方文化不好，还可以学习，如果中文和中国文化不好的话，就没什么出息了。这句话我印象非常深刻，后来我也常常用它来勉励我的学生。

慎之老师给我最初的印象是他渊博的知识和敏锐的思想。他曾任周恩来总理的秘书，又曾主管过新华社国际部的工作，虽然后来被打成右派，却仍然保持着一副乐观的心态和睿智的头脑。他曾经说过，在邓小平改革初期他恢复工作时，曾有两个单位让他选择：马列所和美国所。他最终选择了美国所，因为他认为在这里他可以更好地思考世界格局的变化及中国的对策。美国所1981年创建时他就是第一任所长。在他的领导下，当时的美国所聚集了不少后来对中国的美国研究有重大影响的学者。而我们这些学生也从他身上学到了不少后来终身受益的知识。

从一些小事上也可以看出慎之老师渊博的知识。刚到所里读研的时候，有时候他会让我参加一些外事活动。我印象比较深的是有一次参加完外事宴请跟他的车回所的路上，我感叹地问他怎么才能记住那么多的英文菜名。他说没有捷径，作为一个研究国际问题的学生，你就必须是一个杂家。然后，他突然问我英文Samurai是什么意思。我不太自信地说那是日本武士的意思吧。随后，他又问了几个七零八碎的历史地理知识，还好，我的回答他还比较满意。我到现在仍然记得，那时每次见他都要保持着一种高度紧张的状态，生怕自己让他失望。

从社科院研究生院毕业时，所里只留了我和另外一位同学。但是，那位同学很快就去别的单位工作了。慎之老师对我说，那位同学对他说，搞研究是要坐冷板凳的，而她不愿意坐冷板凳。这么多年过去了，我仍然清楚地记得慎之老师当时那种沉重的神情。我知道，他对学术研究有一种近乎神圣的虔诚，那位同学的话无疑是伤了他的心。他让我在所里主要研究美国宪法和联邦最高法院。有一次，我无意中对他流露出成天写写这种介绍性的文章，看不出我的研究工作的意义所在的想法。他对我说，的确，大师写出的文章意义更大，流传更久远。不过，我们绝大部分人都不是大师，而我们国家百废待兴，非常需要我们这些从事国际研究的人多写些介绍性的文章。他对我说，能写出简明扼要条理清晰的介绍性文章，也是一件非常有意义的工作。如果我能写出这样的文章，他就一定会表扬我。此事我印象很深，既是压力，又是鞭策。

慎之老师对年轻人在学术研究方面的要求是非常严格的，但在生活上又无微不至地关心他们。记得我刚到所里工作时，有时会被院外事局借去做些翻译工作。有一次我就在他面前流露出这类翻译工作在一定程度上影响了我正常的研究任务的意思。当时正好外事局想让我陪外宾去云南等地讲学，我就顺口跟慎之老师说了这事。他当时没说什么，过了半个多小时，他回到我的办公室告诉我，他已经跟外事局说了，让他们改派别人。"你可以安心地搞研究了，"他笑着对我说。记得当时我还很不好意思，为了这么件小事占用了他的宝贵时间。

我到所里工作不久，曾有个到美国访问一年的机会。我考虑了一会儿，决定放弃。慎之老师问我为什么不去，我当时也没有多想就对他说我不想做一年的访问学者，或者给我一个月的时间让我去认认美国联邦最高法院的大门朝哪开，或者让我去读博士学位。慎之老师思索了一下，就对我说，不去也好，你就好好的做你的研究工作，等有机会所里会支持你去美国读博士的。果然，两年后所里批准了我去美国攻读博士学位。我知道，没有慎之老师的支持，所里是不太情愿放一个刚刚培养了三年的硕士，在所工作不过两三年的年轻人出去读学位的。好像那几年里只有我是所里正式批准去读博士学位的。这个决定就此改变了我的命运。对此，我一直深深地感激慎之老师和所里其他的老师们。1989年我还在哥伦比亚大学读博时，所里一位同事在那里做访问学者，他力劝我放弃学位回国。而我当时的考虑是所里好不容易给我这么一个机会，如果我完不成学位真的是辜负了慎之先生等所领导的期望。所以，我选择了留下读完学位。

　　后来，我又两次见过慎之老师。一次是我们美国所在美国的同事赶往华盛顿他的下榻之处为他庆祝生日。那天也是我在美国最开心的日子之一。二三十位美国所的朋友们欢聚一堂，有说有笑。先生那天情绪也非常高，不断爆发出他那特有的爽朗的笑声。另外一次是先生到了香港，我当时也已经去了香港工作，匆匆赶到一位原美国所同事的住处拜见他。印象中他当时看上去有些疲惫，声音也不如以前那么洪亮了。当时真的很担心他的健康状况，但他自己却很乐观，仍然就天下大事侃侃而谈，跟我们说他对一些重大事件的看法。看到他思维还是那么敏捷犀利，对我来说真是一种安慰。那次之后，我就再也没有见过慎之老师了，直到有一天，一位在香港的美国所同事告诉了我慎之老师仙逝的消息。我现在仍能记得我在听到这消息时第一个反应就是不相信！我不信那么一位笑如洪钟、思维敏捷的先生会永远离开了我们。作为中国当代思想界的一位泰斗级人物，我深信慎之先生会以他特有的方式永远影响着我们这些他的学生的。

　　【作者简介】任越，1982-1985年在中国社会科学院美国研究所攻读硕士学位，1985-1987年在美国所工作、任助理研究员。1987年赴美国学习，获哥伦比亚大学博士学位。其后先后在美国弗吉尼亚理工大学、香港岭南大学、香港大学、汕头大学等校任教。目前为香港大学及湖南大学教授。

细节中的教诲——怀念李慎之老师

赵梅

李慎之老师走了。

噩耗传来，脑海一片空白。

自从得知他病危的消息以来，我每天都在祈祷，希望有奇迹发生。我很难相信，在SARS肆虐中华大地的时候，他会撇下他挚爱的亲人、朋友和多难的祖国而离去。他的声音，曾经总是洪亮而直率；他的目光，又总是智慧而慈祥；他人格中的坚韧和坦荡，曾经助他度过了生命中多少次难关，然而，奇迹终究没能发生，他真的离去了。此刻，我唯一能做的，只能是用翻检旧照片来唤醒记忆，填补空白的大脑。

一

如果从1990年秋我来社科院美国所工作算起，我成为李慎之老师的部下和非正式学生已经十三年了。我负责编辑《美国研究》，李老师是这份杂志的创办人，也是当时的主编和中华美国学会会长。

好长一段时间，我既"怕"他，又尊敬他。是因为他从延安一路走来，曾经辅佐周恩来、邓小平等几代领导人，是政府的重要"外交智囊"；更是因为他的风骨。他有时会"高高在上"地"教训"我，我从不敢反驳，因为他的博学和深邃，时时提醒着我的无知。

第一次见到他，是在1990年的秋天，当时，我才来美国所不到两个月。在楼道里，我战战兢兢地自我介绍说：我是《美国研究》新来的编辑。原以为他会以主编的身份指导我几句。没想到他听我说完，抬眼看了看我，大声说："我早就建议换掉我这个主编，因为我根本不懂美国。"我愣住了，没想到他如此直爽。从这天起，我称他为"李老师"，至今未改。

后来与他接触多了，也自然熟悉起来，但敬畏之情从未改变。

他很关心"知识分子"和"全球化"问题。有一次，他问我："你知道什么是'知识分子'吗？"我不知道他接下来要说什么，当然不敢轻易作答。他说："以前我们把'知识分子'的定义宽泛化、庸俗化了，以为大学或专科以上学历的人就是'知识分子'。其实，真正的'知识分子'应当是那些关注人类命运的人，比如说我。而你呢？可以算是个小学国文教员。不要以为这样说是贬低了你，我是在夸你呢。现在人的国学基础很差，能达到以前小学国文教员的水平的人实在不多。"

1994年的一天，他把写就的《全球化与中国文化》一文交给我，希望在《美国研究》上发表。他明确地告诉我，他已同时把稿子交给《太平洋学报》等其他刊物了。他说："我从来不反对好文章一稿多投，因为每份刊物都有它不同的读者群。研究美国的人应当对全球化问题给予足够的关注。"因为考虑到文章主题和体例等一些技术性问题，我把文章放在"随笔"栏中发表。他对此很有意见，以至于在以后很长的一段时间里，他不放过任何一次对我发出"诘难"的机会："我那篇文章是认真的学问，绝对不是'随笔'！"后来，另外一位我十分尊敬的陈乐民老师（前中国社会科学院欧洲所所长）也加入了他的阵营。在一次研讨会上，他说："就是因为李慎之文章中没有注释，赵梅就把它放入了'随笔'栏，还用小字排。可这是一篇多么有份量的文章！"

1997年秋，《美国研究》创刊十周年，那时李老师已不再担任杂志的主编，而是编委。在纪念会上，他除了对我继续"攻击"之外，还对我颇为得意的版面改革提出意见："我认为低级杂志才分栏目。当初创办这本刊物的时候，我的要求是第一不分栏，第二饿死也不登广告。"我解释说：分栏的目的是让杂志容纳更多题材的文章，给读者提供更多的信息。听罢，他大声说："我明白了。那我现在无话可说了。"他说话时，声音很大，很坦诚，丝毫没有怕在众多晚辈面前丢面子的感觉。这些年来，《美国研究》的栏目设置坚持下来了，而在其他方面，我们一直秉持着老师当初的办刊理念。

我也曾得到过他的夸奖。1998年年底，中华美国学会和美国所在北京举办"纪念中美建交20周年学术研讨会"，那时我正在从事美国人有关堕胎问题的研究。会上，有学者提出美国对中国人口政策的指责是出于美国国会中少数反华、反社会主义议员的鼓噪。我不赞同这种观点，认为美国的保守和自由两派都反对中国的人口政策，这与美国源自欧洲的宗教和自由主义的深厚传统息息相关："重生命"派从宗教的角度出发，认为人工堕胎是不尊重生命；"重选择"派从妇女个体权利的角度着眼，认为强制流产是对个人权利的侵犯。我认为，在这个问题上，如果以"反华"和"反社会主义"来简单划线，就不可能准确理解中美在相关问题上的冲突。

我至今没有忘记发言时他投来的赞许目光。我的话音刚落，他就在会上大声说道："当年我建美国所的时候，以为好不过三代。现在看来，后继有人啊！"得到他的肯定，我当然是受宠若惊、备受鼓舞。

二

在李老师面前，使我完全忘却了"怕"字的机缘，是我们在美国一起度过的那两个月。

1999年上半年，我在总部位于俄亥俄州代顿市的美国凯特林基金会（Kettering Foundation）工作。这是一个非政府、非党派、非赢利性的私人研究机构，创建于1927年，创始人查尔斯·凯特林是美国著名的发明家，曾任美国通用汽车公司副总裁。长期以来，该基金会致力于美国国内公共政策和国际问题的研究。现任总裁戴维·马休斯（David Mathews）曾任福特政府卫生、教育与社会福利部长，国际项目部主任哈罗德·桑德斯（Harold Saunders）是美国前负责近东及南亚事务的助理国务卿，曾陪同基辛格博士秘密访华。该基金会与中国的"中美长期对话"项目始于1986年，李慎之老师是该项目的中方最重要推动者。中国前驻美大使章文晋先生和著名国际问题专家宦乡先生都曾参与此项目。

李慎之老师应邀赴凯特琳基金会作为期两个月的研究，本应在

1998年8月启程，但由于签证等原因，直到1999年春才成行。这一偶然的机会，使我近距离地走入他的世界。

在他抵达之前，戴维·马休斯让我写一个他的英文简历。凭着记忆，我把他在延安、新华社工作，陪同周恩来参加万隆会议和日内瓦会议，参加板门店军事谈判，反右期间被打成右派，文革时进"牛棚"，随邓小平访美、创办美国所、出任社科院副院长等一股脑地写了出来，贴在基金会的内部网上，传给每一位工作人员。他来的前一天，基金会的行政主管豪·施瓦茨霍夫驱车载我到几十英里以外的一家越南人开的杂货店，买了一些电饭锅、茶壶、筷子、茶叶等中国人居家常用的东西，准备迎接他的到来。路上，豪对我说："看了简历，我非常尊敬李慎之先生。很少有人像他那样有这么丰富的经历。"

就在他来的当天，基金会的高层主管都到华盛顿开董事会去了，我和基金会的勤杂工特里·尼克斯（Terry Nicols）去机场接机。特里五十出头，是三个孩子的父亲。平常在基金会话不多，总看见他穿着工装修理门窗、在花园里除草或是在路上扫雪。到了机场，我们才知道航班延误，原定傍晚抵达的飞机，要晚上十点才到。待把老师和师母送到寓所，已近晚上11点。我劝特里回家，不要等我，因为我要去中国餐馆给他们买饭，然后还要教他们如何使用寓所里的电器，会很晚才能回家。特里说："我回办公室，你忙完之后给我打手机，不管多晚我都来接你。"等我忙完，特里把我送到家时，已经是深夜12点多钟。我对他一再表示感谢，他的回答让我感动至今："如果你是我的姐妹，我不会让你这么晚自己回家的。"

第二天，我把特里的话讲给李老师听，并称之为"宗教情怀"。他听了之后，大为感慨："你知道这是什么吗？这是敬业精神！我们国家现在缺乏的就是这种精神。以前我们有，可是'破四旧'给破没了。"

基金会里只有我们两个中国人，在生活上照顾他们夫妇，在工作中作他的助手，自然非我莫属了，我也乐于为之。每天早晨，我先到他的寓所，陪他走路到基金会上班。由于他中过风，步履有些蹒跚，一般人走不到十分钟的路，他要走将近15分钟。到了基金会，我先去地下室给他泡一杯红茶，端到他的桌子上，然后才开始我自己的工作。

他当时正在写《重新点燃"五四"的火炬》这篇文章，开了个书单，让我帮他去图书馆查资料。我告诉他，在这里不需要像在国内那样亲自跑到图书馆去查资料，州内所有图书馆都已联网，只要登陆Ohiolink网站，就可以查到所需资料的摘要、馆藏位置和借阅情况。然后把索书条交给基金会的资料员去办理，图书馆会把书寄来，看完后交给资料员寄还即可。我们真的通过这种方式借到了一些资料。依稀记得是些有关"五四"运动的史料和郭嵩涛等人的著述。对于这样便捷的服务，他非常感慨。

他不用电脑，而是用笔在纸上一笔一划地写。由于近视，再加上思考和不断地修改，写得很慢。于是我主动请缨，利用晚上和周末的时间，帮他把初稿用电脑打了出来。他看完我的打印稿，说："同社科院的打字员比，你打字的速度不如他们，排版和字体变换也不如他们熟练，可你出的错比他们少。知道为什么吗？因为你的文化水平比他们高。"

刚来的时候，他经常让我帮他打电话给国内的朋友，谈国内国际局势。后来，我建议他用电子邮件的方式与他们联系，因为这样最便捷经济。凭着记忆，在他的办公室，我以他的名义，给他非常器重的一位北京的朋友写了一封信，并打赌说明早保证会收到回信。果然，次日清晨，那位朋友回信了，表示很惊讶收到他的电子邮件。我始终记得他当时对着电脑露出的孩子般的欣喜而又惊奇的表情。

从那以后，我每天的工作除了帮他倒茶之外，又增加了帮他接收和回复电子邮件。一次，因为要准备上午会上的发言，给他泡完茶以后，我急忙回到自己办公室的电脑前。不一会儿，只见他站在我的门口，拐杖用力地戳着地，怒不可遏地对我说："你怎么还不帮我 Check Email ?!"

时隔不久，美国开始了对南联盟的轰炸。接着，又发生了中国使馆被炸事件。看到美国媒体上出现的美国驻华大使萨瑟透过打碎的窗子露出的焦虑神情，以及包围在使馆前抗议的愤怒的青年学生，他非常焦虑。接着我们又读到了刊载在一些中文网站上的措辞强硬的批评文章，大意是说一些所谓的中国美国问题智囊，拿着美国基金会的钱，替中国政府出一些卖国求荣的政策建议，才导致今天的恶果。在我陪他走回寓所的路上，我们谈论着所发生的一切，走得非常慢，他那本因中风而蹒跚的步履，那天显得格外沉重。

一天，他让我打电话给在香港的一位前美国所的研究人员，说香港报纸登了傅高义（Ezra Vogel）的一段关于"炸馆事件"的讲话，很重要，让那位同事帮他查出原文。我对他说，不用那么麻烦，我在网上就能查。于是，我用他办公室的电脑登陆到香港《虎报》的网站，准确地把傅高义的话查了出来，然后通过远程打印机打出来。在我返回他的办公室、把全文交给他的时候，他欣喜地对夫人说："张贻，你看看，这就是现代化！"然后对我急切地说："你快给我老伴演示一下！"

在凯特林基金会工作期间，我从事美国"婴儿潮"（Baby Boomers）一代人的研究，有幸赴伯克利附近的"人民公园"等当年反抗运动发生地进行实地考察，并采访了一些六十年代"反文化"运动的亲历者。每次回来，我都兴奋地把研究心得与他分享。他听得很认真，并不时给我以建议。一次，我对他说，我发现了中美外交政策差异的哲学原因，那就是中国人信奉"己所不欲，勿施于人"，而《圣经》中的"黄金律"——"己所欲，施于人"在美国深入人心，这也就是为什么美国那么爱插手国际事务的哲学原因，即民主在美国是弥足珍贵的价值，所以美国人渴望将其推广到世界其他地方。他听了，很赞同，鼓励我写成文章，在国内发表。

一次与他闲聊，我说，当初我选择这个专业，是想探求究竟是什么力量，使美国把不同肤色、不同文化背景的人凝聚在一起达二百多年。我感谢他当初创办了这样一个研究所和这样一本刊物，使我有了愿意终生为之的事业。他笑着说："你知道吗？我当所长的时候，被你这样的小姑娘教训过。你的前任邵宏志学历不高，严格说来没有受过严格的专业训练，可她很有股子干劲。我把她从人民出版社调来编《美国研究》，那时杂志处在草创阶段。一次，她改动了我的文字，我极为不满，就倚老卖老地说：'我过的桥比你走的路还长，吃的盐比你吃的饭还多。'没想到，她义正词严地回答道：'我们现在说的是文章，而不是过桥与吃盐和饭的问题。'"说完，他哈哈大笑。

有时候，我也和他开玩笑。他的夫人张贻，早在延安时期就参加对外宣传工作，后一直任职于新华社国际部，英文非常好，只是耳有些背。我们一起在商店购物或是在医院看病的时候，我是她的嘴和耳朵，她是我的活字典。我见她第一面时，就叫她师母。对我来说，她就像一位慈祥的妈妈。一天，我问她为什么会嫁给李老师。她回忆道："我们在燕大的时候是同学，我大他三岁，高他几个年级。我在英文系，他在经济系。我早他几年到延安，后来他也来了，对我很好。有一次我生病了，腹泻得很厉害，卧床不起。组织上派他来照顾我。一个月里，他不嫌脏，不怕累，无微不至地照顾我。后来，就不走了。我想，他人不错，不走就不走吧。再后来，经组织同意我们就结婚了。""那时候你们有结婚证吗？"我接着问道。"在延安哪有结婚证啊！组织上同意，就算结婚了。说来还很滑稽。改革开放初期，我陪他去外地讲学。住店时登记，人家要看结婚证，可我们真的没有，只好请邀请的主人作证我们的确是夫妻。"她说。"噢，原来你们'非法同居'凡五十余年！"我笑着说。"是呀，还生了四个孩子呢！"她接着说道。在我们对话的时候，李老师在旁边笑咪咪地听着，没有插话。

周末的时候，我陪他们夫妇在外面吃饭、散步，不太熟悉的朋友见到以为是父母来看我。每次，老两口总是抢在我的前面说："她是我们最小的女儿。"尽管知道二老是在开玩笑，但我还是感到温暖且有点骄傲。

他观察事物很仔细。一次，他拿着一张一美元的纸币，说要交给我一个"研究课题"，就是搞清楚纸币背面左边金字塔上睁开的眼睛的上下方的两行文字的含义。我请教了几个有政治学博士学位的同事，都没说出个所以然来——他们说，对这两行字太熟视无睹了，未曾想过其含义。后来，开出租车的吉姆·莫特（Jim Molt）告诉我，他查了资料，这两行拉丁文出自古罗马诗人弗吉尔的诗文，上行是说"上帝称颂我们之所为"（ANNUIT COEPTIS），下行是"新的世俗秩序已经开启"（NOVUS ORDO SECLORUM）。这是总统印章，意为美国保护信教自由、不信教自由和政教分离。老师听了，笑着对我说："你告诉吉姆，他选错了职业。他应该是个哲学家！谁说美国的历史短、没文化，其文明可上溯到欧洲几千年！"

他很重感情。他说鲍大可（Doak Barnett）先生去世了，坚持要去华盛顿看望他的夫人，以表慰问。我帮他办好机票，他真的拖着病残身躯、携夫人去了华盛顿。他还说要去旧金山、渥太华去看老同学，然后再去纽约看孙子，他说也许这是最后一次机会。他也真的去了那些地方。

回国前，他应邀在基金会演讲。他谈了中国社会的五大思潮，即儒家、法家、马列主义、保守主义和自由主义。

回国以后，由于杂务缠身，又住得远，我和老师的接触不像在美国时那么多了，但总能接到他打来的电话，问候家人或是讨论问题。2000年，我为资中筠、陈乐民先生等写的书评《通向自由和繁荣之路：读<冷眼向洋：百年风云启示录>》在《文汇读书周报》上发表后，第一个打来电话鼓励我的是老师。他说我进步很大。他也谈了自己对这本书的评价，并与我探讨关于自由主义的一些问题。

回国以后的每年春节，都能接到老师打来拜年的电话。如果那时我没在北京，回来后总能听到他在留言机的拜年。这实在是晚辈应该做的，可他总是抢在我的前面。今年春节，他给我打手机拜年。我当时还笑他挺时髦的，会往手机上打了。没想到，这竟成了永别！

对我来说，他是恩师，是前辈，又更像是父亲。

他走了，但他留下的独立之精神和自由之思想，将永驻人间！

(2003年)

【作者简介】赵梅，现任中国社会科学院美国研究所研究员、博士生导师、《美国研究》执行主编。毕业于北京大学和北京师范大学，从事美国社会文化研究。

老李治学——慎之又慎

李小兵

　　1991年5月，我在美国宾西法尼亚州（Pennsylvania）匹兹堡（Pittsburgh）的卡内基-梅隆大学（Carnegie Mellon University）获得了历史系的博士学位。6月，我开始在俄克拉荷马州（Oklahoma）的菲利浦大学（Phillips University）任教，是历史系助理教授兼亚洲研究项目的主任。1993年8月，我换了工作，到现在的俄克拉荷马州州立中央大学（University of Central Oklahoma）教书，是历史地理系的助理教授兼西太平洋研究所的副所长。同时，我开始在俄克拉荷马州市立大学（Oklahoma City University）兼课。

　　在做兼职教授的六年中（1993-1999），让我最高兴的是常有机会和在同校任教的赵复三教授聊天。按理说，我们的共同语言不多，因为我和赵教授是隔代人（他和我父亲同岁），我们的经历完全不一样。虽然我们出国前都在中国社会科学院工作，但是我们两人在北京没见过面。更何况赵老是学术前辈，社科院的副院长，世界宗教所的所长。而我只是美国研究所的一个助理研究员。但是六年里我们有说不完的话，因为我们认识在社科院的同一个人：美国研究所所长、社科院副院长李慎之。赵老不止一次的对我说，老李是国内少有的优秀知识分子的代表，敢讲真话，具有批评精神。老李又是一位难得的好领导，平等待人，重视对青年的培养和教育。我在美国留学八年、教书三十年，老李的这两个特点，对我求学治史，感悟人生，影响很深。

加强中美两国的了解, 对翻译要重视, 译文要慎重

1996年秋天，美国的两党紧锣密鼓地进行总统大选。我和赵教授见了面就发牢骚：中美关系又成了美国的政治皮球，被两党候选人踢来踢去。共和党总统候选人多尔（Bob Dole）激烈地攻击民主党总统克林顿（Bill Clinton）的对华政策。而克林顿则批评被共和党占据多数的国会参众两院，跟民主党总统分庭抗礼，使美国政府对华政策的制定越来越困难。赵老仰天长叹，我们周围亲华的人越来越少，反华的人越来越多。为什么美国人不想了解中国？我也有同感。绝大部分美国人没有到过中国，即使有些政界或商界人士访华，也是走马观花，对中国和中国文化没有什么了解。因此，大多数美国人民对中国的印象与态度，完全来自于新闻媒体的报道与评论。而媒体的负面报道似乎比正面的新闻更容易吸引公众，更容易被人们所接受。这时，我不禁想起我刚到美国研究所的时候，慎之所长就对我多次强调：加强中美两国的了解，要多向两国人民介绍对方的文化和历史，要多翻译对方的著作。当然，翻译是个艰难的工作，一定要慎重。

那还是1982年夏天，我接到了南开大学的毕业分配通知：到中国社会科学院美国研究所工作。从那年8月开始，我在社科院美国所的美国史研究室当助理研究员。9月下旬，慎之所长带我去参加社科院和美国国会图书馆协商图书交流的会谈。根据社科院首席代表宦乡（新中国驻英国第一任大使，当时社科院国际研究中心主任）的建议，美国国会图书馆同意在1983年初，向社科院图书馆赠送两万册图书。在此之后，我又参加了接收美国图书的工作，接触到了更多的美国书和一些美国学者。每次我收到新书的到货单，都请老李过目。他常常告诉我，哪本是畅销书，哪个学者名气大。他也常常遗憾地说，没时间了，没精力了。要不然，能把这些书翻译成中文该多好！他说，翻译对方的名著和畅销书，是两国交流和了解最重要的方式之一。

后来我有机会翻译了美国史学家艾瑞克·方纳（Eric Foner）的一篇论文，请老李审核。他圈圈点点给我提了不少问题。他说，翻译是个艰难的工作，一定要忠实原文。他还回忆起当年在新华社做翻译工作，他们的英文翻译是国内的权威。只要他们从英文翻译出了中文，中央各部委和全国各报社，马上都采用新华社的翻译。例如，肯尼迪、约翰逊等美国总统的名字。哪像现在，一个美国人名，翻译得五

花八门，各家报纸和杂志各用各的。

我在美国开始工作时，准备在美国学术出版社出版我的著作。我的第一个计划，就是根据我们慎之所长的想法，翻译中国出版的书，向美国学术界和大众读者介绍中国的历史。1991年，我和在马里兰大学任教的张曙光教授，合作翻译一些"中国将领回忆抗美援朝"的文章，可以在美国成书出版，还朝鲜战争的本来面目。因为几十年来，美国史学界对朝鲜战争的研究是一面之词，与实际情况差距很大。在抗美援朝40周年之际，国内出版了很多中国将领回忆中国人民志愿军1950年参加抗美援朝战争的经历，包括洪学智将军和杨得志将军的回忆录，还有很多书籍。这些将领的回忆为抗美援朝历史研究提供了非常宝贵的资料。但是这些回忆录，在美国还无人知晓。美国学生学者一讲到韩战，还只是美国和联合国军（United Nations Force）的单方面的情况，没有关于中国志愿军的全面的情况，即使有一点中国的材料也非常片面，史料也不完整。我们看了很多中国将领回忆抗美援朝的回忆录，选择了很多重要的史料，开始这本书的翻译和编辑工作。

经过六年时间的努力，我们两人共同翻译、反复修改，终于完成编译了十几位中国将领的回忆录。然后，我们和堪萨斯大学出版社（University of Kansas Press）联系出版。出版社的主编麦克·布利戈斯（Mike Briggs）非常愿意考虑我们的书稿。1997年春天，在出版社接到我们的书稿以后，按照美国大学出版社的做法，送出去请这个领域的三位权威的专家来审阅。没有想到，其中的两位审稿人坚决反对，认为这本书是共产党的宣传，歪曲美军形象，要求全面修改。我想到老李讲的，翻译"一定要忠实原文"，不同意修改。我们争执不下，结果又拖了四年。最后，出版社的主编将这些审阅意见提交到出版社董事会上，最后由董事会决定出版。

这本《中国将领回忆抗美援朝》在2001年出版以后，反应强烈，很受欢迎。我们的书还被选入 "美国军事历史俱乐部"。"军事历史俱乐部"（Military History Club）不仅卖书，还有很多社会功能，如每年开全国性的年会，在各地有军事博物馆，为退休将领树碑立传，等等。"军事历史俱乐部"是美国最大的历史俱乐部之一，号称有十多万多会员。同时，通过翻译出版，我也看到了我们所拥有自己的优势，有了心理支撑点。因为我们有历史学习的特点，教学方式和研究方法与美国学者不一样。通过翻译工作，我逐渐认识到了我们的特点，开始重视我们的优势。

对历史事实要慎重，写历史论文一定要查原文

　　1982年10月，我向所里提交了第一篇学术论文，《美国为什么能在第二次技术革命中领先？试论社会历史及经济条件对技术发展的影响和作用》。慎之所长看了我的第一稿，语重心长地对我说："要写美国历史的论文，一定要参考和引用美国出版的英文书籍，只用中文资料是写不成的。"我根据他的叮嘱，天天跑社科图书馆，查阅美国史的英文书。从当时美国所所在地装甲兵招待所，骑车到沙滩北街，来回要三个多小时。尽管当时社科图书馆的很多美国历史书都是1930-1950年代出版的，但是书中提供了大量原始材料。我的论文引用了很多原文资料，有七十多个注释（其中五十多个是英文原文史料）。我的论文交稿以后，很快在《美国研究》杂志发表。不久，社科院院部把我的论文全文发在《社科简报》上，发送全院、中央各大机关和在京中央政治局委员和常委。

　　我在美国从事历史研究以后，坚持老李所说的，"尊重事实，从原始材料下手"。在研究朝鲜战争史的过程中，我意识到：西方的学界和军界，对中国的军队并不太了解。如果我平铺直叙地介绍中国人民志愿军的政治觉悟、组织传统、作战方式，让美国人摸不到头脑，很难令西方读者接受。我当时有一个新的想法：通过比较史学的方法，写一本中美两国将士在韩战中的经历。我可以从战争的双方，即美军和中国人民志愿军，在同一时间、同一地点、同一个战斗中，比较两国将士的不同反应，包括他们不同的人生观、战斗经历和具体的想法。

　　我任教的俄州中央大学的历史地理系有一个美国教授，迪克·皮特斯（Dick Peters）博士。他当年是美国陆军的士兵，到韩国参加过朝鲜战争。多年来他在韩战老兵联谊会中一直很活跃。我跟他说了合作编书的想法以后，他非常高兴，一拍即合，觉得没有问题。他将负责收集美国士兵的韩战经历。同时，韩国的郑炳煜（Beyon Jung）教授听说我们合作编书，也很想参加我们的比较史学的项目。韩战发生的时候，郑教授虽然年纪小，但是他耳闻目睹，也知道不少有关韩战的故事。特别是他在1960年代参加韩国陆军，成为一名韩国军官，对韩国军队在韩战中的经历有更多的了解。他和我们一说，我们也很高兴。这样，我们可以写一本"三国将士话韩战"的书。从三个不同的方面，包括参战的美军，南韩军队，和中国人民志愿军，比较三国将士的不同

反应和不同的战斗经历。大家从三国将士的比较，看当时的朝鲜战场上不同士兵的各种各样的想法，在同样的战斗中，他们的想法都是什么样的。我跟几个出版社说了我们的计划，他们都觉得是非常好的想法，书名定为《韩战之声》。

《韩战之声》出版以后，销路非常好。2004年3月第一版第一次印刷的精装本，几个月就卖光了。肯塔基大学出版社在夏天开始第二次印刷。同时，美国的各大图书连锁店，也开始经销。像全球最大的图书销售连锁店"邦诺书店"（Barnes & Noble， or B&N Bookstore）和"包尔德书店"（Border Bookstore）都在当年夏天开始上架售书。《韩战之声》被"美国历史图书俱乐部"在2004年春季选为"编辑所选书"（Editor's Choice），被"美国军事历史俱乐部"在4月评为当月"最佳历史书"之一（The Best Titles of the Month）。

文字工作马虎不得，行文落笔一定要慎重

1983年春节刚过，老李要我参加"全国美国研究研讨会"的大会筹备工作。这是文革以后第一次全国性的美国研究盛会，包括全国各地研究美国政治、经济、文化、外交、军事、社会和历史的专业机构和专家学者。美国研究所作为美国研究的领军机构，一马当先，扛旗挂帅，开始了一个在全国范围的研究美国的万马奔腾的新局面。我当时的主要任务是和全国各地的美国研究机构联系，同时为慎之所长准备大会发言稿。

一天中饭时，大会筹备处成员边吃饭边开会，进一步讨论如何开好这一次历史性的会议。老李写了一个纸条，在饭桌上给我传过来。"饭后到我处来一下。"我到了他的办公室，他给我看了一封长信。是武汉大学一位教授写给胡耀邦总书记的，建议在中国高校广泛开展美国问题研究。中央办公厅把这封信转到社科院，院部又转给美国所。老李笑着说，这是不谋而合，一定要请这位教授来开会。我马上与武汉大学联系，请到这位教授。会议期间，在200多位代表中，我找到了这位教授，安排了他与老李见面。

会议期间，老李对我起草的大会中心发言稿中的资料引用、佐据旁证、行文下笔，都有很严格的要求。交给他审阅的草稿，他看

到有三处粗心大意的错误，马上放下不看了，让我拿回去，重新改好后再送来。定稿以后，在大会发言的前一天下午，我把打印稿呈交给老李。他仔细地看了一遍，抬起头问我：为什么引文没有注释？我大吃一惊，马上解释，这是发言稿，没有注释也可以。他站起来严肃地对我说，这怎么可以？引用原文，必须要有注释。马上修改，重新打印！我顿时满头大汗！想想三十多年前，没有电脑，没有网络，我们只有手动打字机！这一万多字的稿子，十几处注释，老李第二天上午就要发言，这可怎么办？但是，我二话没说，马上跑到社科图书馆，一个一个认真查找引文出处，一个下午补齐了注释。赶回美国所，宴会也没有参加，我连夜组织打字。终于在半夜前，我将修改稿送到老李手里。

第二天上午，老李的大会发言非常成功！前驻美大使、时任外交部副部长韩叙，在老李的发言中几次插话，强调这些观点的重要，要求与会代表认真学习。会后，韩叙副外长要走老李的发言稿，要转发给外交部各有关单位。我也接受了一次终生难忘的教训。从此以后，我每次行文下笔，考证求实，都非常小心慎重。老李当年给我写的纸条，我一直保留到今天（三十八年啦）！

我给赵复三教授看过老李的手迹。我对他说，老李不仅开办了美国所，他还培养了一支队伍，创建了一种研究作风，就是慎之又慎。老李非常重视对青年人的培养，关心他们的前途。我在办理到美国留学过程中，也是深有体会。

美国所对出国、特别是去美国，非常支持。所里有三分之一的人员常年在美国访问或考察。慎之所长在会上讲，出国学习深造很有必要。因为社科院名额有限，你们可以在社科院帮助下办理自费出国。1983年春天，我收到了美国卡内基-梅隆大学历史系的录取信，讲明我可以在秋季入学，学校将提供全部的奖学金。当时给我的是梅隆奖学金，包括学费和生活费共计1万8千美元（1万多美元学费，6千美元生活费）。接到信以后，我又高兴又担心。高兴的是可以得到足够的钱去美国留学；担心的是不知道所里领导能否放人。

我和所里一说，老李非常支持。他还告诉美国所外办的负责人田隆德，按照自费公派的办法帮助我和卡内基-梅隆大学商量，请他们给我发来IAP-66表，是公派出国的留学表格，不使用F-1自费留学表。这样办理护照会比较容易。因为当时对自费出国控制，北京市公安局的护照管理非常严格，一般申请自费留学，拿不到因私出国护照。根据老李的建议，我向卡内基-梅隆大学提出要求，他们给我寄来了IAP-66表。田隆德老师亲自帮我跑公安局，办妥护照，以后又顺利得到签证。

1983年7月我到美国以后，和美国所、社科院及所里的同事们一直保持联系，没有"单枪匹马打天下"的孤独感。1984年，所里的张毅、顾宁、万青都来到匹兹堡市看我。张毅第二次来是1986年。当时他在美国国会的众议院实习，为国会议员作助理，在我这儿住了一个多星期。张毅第三次来我们家是1989年了，他的女朋友也一起来啦。我当时也已经成家了，就安排他们两人住我们的客房。1991年我在菲利浦大学任教时，有幸请到万青老师，到我校作访问学者六个月。当然，和所里人在一起的时候，我们聊的最多的话题就是我们的老所长李慎之！

在匹兹堡学习烦闷时，我就跑到住在隔壁的社科院社会学所的李银河那里，找她聊天诉苦。李银河当时在匹兹堡大学（University of Pittsburgh）攻读博士，她也很熟悉慎之所长。我也会到后面一条街上，找社科院政治学所的陆春良，或是在社会学系学习的张小彦，和他们几个人一起吹牛、侃大山。他们都认识老李。可是不久，李银河的先生、陆春良和张小彦的妻子都办了陪读，先后来到匹兹堡。我也不便再去打扰人家了。好在餐馆打工的时候，还能跟和我一起端盘子的章工远发发牢骚。（章工远是当时中国驻美大使、后来的外交部长章文晋的公子。）我甚至和章工远作了计划：如果毕业后找不到工作，我们就合伙在匹兹堡开一家中国餐馆。

1993年夏天，我专程从俄克拉荷马州开车单程两千多英里，去美国首府华盛顿看望老李。他当时在威尔逊总统中心作高级访问学者。一起共进晚餐的还有朱宏前、温洋夫妇等人。席间，我们谈到知识分子的未来，老李说，他们的前途在中国。我当时听了以后还有些困惑，心想：我们无论在国内还是在国外都有前途呀。现在，28年后，我已经到了退休的年龄，想想老李当年的教诲，仍然有新的感触。一个知识分子，要和祖国的命运同步，才有前途、有影响、有贡献。老李，与新中国一路走过，风风雨雨，坎坷艰难，不折不挠。他是中国知识分子的历史楷模，永远是我们的好所长！

写于 2020 年 8 月

【作者简介】李小兵教授，1982-1983年在中国社会科学院美国研究所工作，后赴美留学。

1985年获美国卡内基梅隆大学历史学硕士学位，1990年获卡内基梅隆大学历史学博士学位。1993年在美国俄克拉荷马州中央大学历史系任教。1997-2004年任该校西太平洋研究所所长，2004-2009年任历史系系主任，2010-2018年任该校中国项目主任，2019年至今为校长特聘主任，主管国际研究。同时兼任美国《北美中国研究学刊》及《中国历史评论》杂志主编，和北京《东方文化》杂志的主编。

李小兵2019-2020年最新出版著作有：《丛林之龙：中国军队在越南》（英国牛津大学出版社，2020年），《长津湖战役》（美国俄州大学出版社，2020年），《东亚与西方：历史的纠结与因缘》（合著第一作者，San Diego，CA：Cogellena，2020年），《中国的朝鲜战争：战略文化与地缘政治》（London：Palgrave Macmillan，2019年），《台湾史》（Santa Barbara，CA：ABC-CLIO，2019年），《为胡志明建军：中国对北越的军事援助》（美国肯塔基大学出版社，2019年），《移山人：百年学运在中国，1919-2019》（合编第一编辑，美国列克星敦出版社，2019）。

他总有新的思想火花

温洋

　　每次和家人、朋友讲起慎之时，总是要说到他底气十足的笑声和那微微扬起的头。他的目光微微掠过你的头，看着远处，充满了自信。这是我见到慎之的第一个印象。

　　记得 1983 年 5 月刚刚从美国留学回来，匆匆赶到美国研究所报到。留学归来，心气正旺，见到慎之，脱口说道："如果美国所不要我，我可以到别的地方去。"没想到，慎之扬起头，哈哈地笑道："据我所知，在目前中国的人事制度下，你进来就走不了了。"他的笑声响亮，像一口钟。

　　那时是美国所刚组建不久，慎之广招各路人才，对留学归来的年轻人更是表现出格外的兴趣。他常常把我们招到他的办公室，听我们这些不知深浅的晚辈的狂论。我发现，这是他最高兴的时候。记得大概是在1987年左右，慎之写了一篇论述美国、大陆、台湾三角关系的文章。文章一反《人民日报》官话指责的模式，以理服人，从美国自身利益的角度，讲述了处理好上述关系，对美国也有益处。这个切入角度，给我印象极深！在文章发表之前，慎之把美国所的一伙年轻人聚在他的办公室，文章初稿，人手一份，让我们放开地对文章品头论足，越刻薄越好。大家都谈了各自的看法。我说了什么，记不起来了，但我记得，慎之听我们发言，那么开心，而且偶尔还跟我们争论一番。那次大家心里都清楚，这不是一次普通的闲谈，是慎之在酝酿着一篇风格独特，且意义深远的文章。

也是在政治学术气候宽松的那几年，美国所的年轻人组织了一个"无知社"。取名"无知"，是因为我们自认知识有限，常有"书到用时方恨少"的懊恼，愿以此激励进取。在图书馆阅览室举行的成立仪式上，慎之勉励我们，做学问切忌傲与躁，要坐得起冷板凳。他从古到今，从西到中，带我们这群无知的求知晚辈遨游了一个小时，最后他以一句"知之为知，不知为不知，乃知也"勉励我们。

也就是在这些交谈中，我真正领教了慎之的许多独到的见解。他的思路大幅度跳跃，足见他思路之敏捷，视野之宽阔。在一次闲谈中，慎之对当时世风日下，公益心淡的状况忧虑万分。他带我们从宗教谈到政改、教育的出路等。最后，慎之感慨地说，共产党最终应该成为道德党。这样，它可以起到宗教在西方社会中的稳定社会、净化民心的作用。我不敢妄自猜测慎之内心所想，但我深知他懂得宗教和共产党水火不容。希望政府敞开胸怀，容忍"精神鸦片"起作用，无异于与虎谋皮。二者之间没有妥协，任何一方取代另一方，都只能以动荡或流血的革命为手段。反之，共产党可以以中国一统之党，带头树道德模范，行稳定社会、纯净人心之实，这是共产党的最理想的出路。这不恰恰符合慎之力主渐进改良的意愿吗？但是，可以看出，慎之在出此"狂言"时，忧虑多于欢欣。

1988年，政治气氛比较宽松，慎之建议我写一系列介绍美国文化价值观的文章。第一篇首推"个人主义"。为了把美国个人主义的实质介绍给国人，以区分国人普遍误解的 "自私"，更为了国人能从几十年的"大锅饭""跟风跑""不知自身价值"的心态中解脱出来，通过实现个人的创造力振兴社会，慎之亲自审阅，反复修改。最终，一个全新的、内涵进取的"个人主义"展现在国内读者面前。顿时，许多家刊物相继转载，可见文章的反响之大。

一天中午，慎之经过我的办公室，见屋内无人，我一人独自发呆，便转身进来，谈话很快转到"个人主义"上。慎之站在办公室中间，不无感慨地说道，中国的圣贤一直讲修身，齐家，治国，最后才是平天下。可是，我们却偏偏把这个顺序颠倒过来。其实，个人主义岂是"自私"二字所能解释的呢？它是要人们先去完善自我的人格，懂得自身的价值，然后再去谈什么社会、国家之类的事。每次听慎之谈话，总觉紧赶慢赶，仍追不上他的思路，这次也是一样。慎之从个人主义，一下子跳到计算机，真让我来不及接招。慎之说，现在计算机是个时髦的东西，好像手里有了计算机，脑袋里就有先进的东西了。非也！你要是算盘都搞不清楚，计算机照样玩不转！以前香港的会计用算盘理财，照样理得好，是因为脑袋里的东西有条理。到了计算机时代只是换了工具而已。计算机和个人主义是一个道理。最基本的搞不通，就甭奢谈更高一层的。算盘、计算机同理；个人、天下也同理。

1989年7月1日，作为福特基金会访问学者，我启程来美国。但是，这是"六四"清算期，老李顶着天大的压力，亲自签字放行。后来听说，正是这个签字放行，老李头上又多了一个罪名。像培养所里其他年轻人一样，老李不惜一切。他是往远处看。

1993年慎之到美国访问，落脚在首都华盛顿。我们散居在美国的昔日美国所同仁，为报答慎之对我们的教诲，从四面八方聚集在华府，再一次聆听慎之对国家、对世界、对人生的独特见解。慎之和夫人坐在中央，两旁是一群朝气蓬勃的晚辈。那天虽然闷热得让人喘不过气来，但是大家的热情和企盼硬是让我们对酷暑毫无察觉，早早地就都聚在饭店。果然，慎之刚刚坐稳，人们就请慎之给大家讲讲。讲什么，在座的人自然心里有数。只要慎之开口，没有不受益之说，而且留给你的震撼久久不会消失。

慎之用他的智慧和独特的气质带出了一批又一批有志追求真理的年轻学人，他们又在各自的领域里再现慎之播下的智慧。

写于2004 年

【作者简介】温洋，1979年被中国选派到美国读本科的第一批四个留学生之一。1983年从美国乔治城大学学成回国后，被李慎之招到美国所，从事美国政治研究。1989年，作为福特基金会访问学者，在加州大学伯克利分校做课题研究，后返回乔治城大学攻读历史系博士学位，先后在乔治城大学，纽约大学 (NYU) 任客座教授。现在美国咨询公司做课题研究。

久违了，老李

赵归

日出，日落，

一天又一天，

一季又一季，

花开，花落，

一年又一年，

久违了，老李。

你是否能看到建所时的合影？

那时的我们大都还在，

虽然一些人已经离去。

那时的我们那么年轻，

不记得我们是如何老去。

你是否能看到我们的文章？

你去世后你的部下一人一篇，

二十多人写在迟来出版的书里。

无论是美国所老一辈的洋洋万言，

还是美国所年轻人的只言片语，
字里行间沉淀的都是，
我们深深不舍的情谊。

你是否能感到我们的思念？
如滚滚波涛在大洋两岸彼落此起。
你能否能听到我们的心声？
我们要努力向前沿着你的足迹。
你是否能看到我们脸上，
忍不住夺眶而出的泪滴？
那是深藏我们心底的怀念，
终于可以向世人述说的欣喜。

老李，
你还记得在飞机上偶遇了谁？
是你把她"挖"到了美国所，
为的是你离开后所长的位置有人接替。
她的自选集已经令洛阳纸贵，
这充分体现了西方经济学的供需原理。
你和她写的书朋友们都在争先传阅，
我刚刚弄清传阅的书在谁手里。

你知道是谁以九十多岁高龄依然期待，
他的怀念文章能与你再次相遇。
你知道是谁实现了你教书匠的理想，
是书中小一辈作者的一男一女。

女的在波士顿还写了你为之罢官的社会运动，
男的在美国中部当了系主任以后还是辍耕不已。

我们难忘你在美国所的风采，
我们怀念与你在美国的团聚。
我们不忘你在马丁·路德金碑前的凝思，
我们永记你在华盛顿、林肯像前的驻立。
我们记得你的评论，掷地有声，
我们不忘你的呐喊，撼天动地。

我们难忘你的侃侃而谈，
我们怀念你的欢声笑语。
我们难忘你的音容笑貌，
我们怀念与你在一起时的点点滴滴。
你是可亲可敬的伟人，
你是我们心中永远的老李！

老李，你看那
大洋两岸，到处都有你的足迹。
你的教诲，让我们刻骨铭心，
你的关爱，伴我们走过几十年的风雨。
你是改变我们命运的人，
所以你走后我们写了这难以忘却的记忆。

我们写下了你在美国所的教诲，
我们也写下了你的"天人合一"。

我们牢记你为人类前途的担忧，
我们为你写下了迟来的回忆。
我们写下了你在刺刀下的风骨，
我们还写下了
你飘然思不群，鄙视江湖习气。
我们写下了你的鞠躬尽瘁，
我们还写下了你的不迎不逆。

风雨苍黄五十年，
你高昂的头从未低。
你历来坚信，茫茫大地谁主沉浮？
是人民，不是皇帝。
你二十年前振聋发聩的檄文，
终究会唤醒沉睡的中华大地！

日出，日落，
一天又一天，
一季又一季，
花开，花落，
一年又一年，
久违了，老李！

（2020年4月22日）

关注人类命运的知识分子

赵归

2003年，中国社会科学院的三位泰斗李慎之、梅益、浦山相继同年去世。人们说这三位惺惺惜惺惺的才子是相遇相随相依，相守相来相伴、相信相约相去。人们可能看过《风雨苍黄五十年》，但已把李慎之的名字忘记；人们可能看过《钢铁是怎样炼成的》，但不记得翻译人是梅益；人们可能知道中国是世界银行和国际货币基金组织成员国，但不知道浦山是恢复席位的谈判首席。他们不但是我的美国所所长，北大同窗梅山的父亲，美国所同事浦宁的叔叔，他们更是关注人类命运、分享真知、引领思考的真正知识分子。

我是李慎之在公共汽车上捡来的

我第一次听到李慎之的名字是在北京大学校园。我当时是在北大经济系师从洪君彦。有一天我在北大的同学程嘉树绘声绘色地告诉我，他在公共汽车上的奇遇："一位极有风度的学者看见我胸前戴的北大校徽，就问我认不认识学习美国专业的同学，我回答说我认识。他说他是中国社会科学院美国研究所所长，叫李慎之。他请我转告我的同学，如想申请到美国所工作，就打这个电话号码找他。"我拿着程嘉树给我的电话号码去问洪君彦老师："李慎之何许人也？"在北大负责毕业分配的年代，如此特立独行，独辟蹊径面试招兵买马？洪老师告诉我说："李慎之可是个传奇人物，学贯中西，党内有名的才子。"然后滔滔不绝地向我历数了李慎之的传奇生平："建国初期李慎之二十多岁就在新华通讯社担任了司局级的国际部副主任，负责翻译出版每天的《参考资料》（即只为高级干部提供的所谓内部"大参考"）和为一般干部提供的《参考消息》；代表中国政府赴东欧六国考察，任朝鲜板门店朝、中、美三国政府级停战谈判代表顾问；三十出头就担任中国出席亚非万隆会议代表团团长周恩来的顾问；1957年三十多岁就被毛泽东御批钦定为右派，毛泽东选集里未点名提到的司局长右派指的就是李慎之；然后在新华社干校劳改了十几年，文革后期是周恩来亲自点名把李慎之从干校调回北京的；1979年邓小平访问美国时，点名要当时还是右派身份的李慎之随他访问美国；李慎之创建的美国研究所现在还没有固定办公地点，从全总干校刚搬到西苑饭店上班；李慎之不久前被胡乔木点名负责起草中共十二大报告的外交部分，写作班子就设在林彪故居毛家湾。"听完洪老师如数家珍般的一番介绍，我当时就被李慎之超凡脱俗的神奇生平惊呆了，也被这位天之骄子的传奇人物深深地吸引了，他比洪君彦还传奇！我当天就拨了李慎之留下的电话号码，约定了在毛家湾面试的时间。

林彪故居毛家湾就在我的母校北京四中附近，面试那天我骑着自行车丝毫没费力就找到了慎之当时办公的毛家湾。我当时的心情与其说是去面试，还不如说是去见识见识这位神奇人物。我一走进他的办公室，就听到他那底气十足、洪亮的男中音，他看着我的目光是那样的自信而慈祥。慎之所长首先向我大致介绍了美国所的组建宗旨和过程，然后问我为什么选学美国经济专业。我说，美国是如何发展成为世界第一经济大国的，这值得我们研究。慎之所长微微点头，我从他的目光中看到了赞许。面试结束时，慎之所长也没跟他身边的其他人商量，明确向我表示说，"欢迎你一年后北大毕业后到美国所工作。"毛家湾的面试，慎之所长给我留下一个深刻的印象：特立独行，可敬可信。

写文章搞翻译都要做到"信、达、雅"

一年后我在北大毕业时被分配到国家计委做美国经济研究工作。我没有服从毕业分配，而是到社科院美国研究所报到了，我更愿做李慎之这位传奇人物的部下。到美国所报到后，我被分到经济室。在向慎之所长报到的第一次谈话时，我说我以后是要去美国的大学攻读经济学博士学位的。所长拍着我的肩膀说，"在美国所打下坚实的基础最重要。在美国所工作，去美国学习的机会多得很。既来之，则安之吧，哈哈哈。"他的笑声是那么地爽朗，那么地开心，笑得我都不知说什么好。不知为什么，他三言两语就把我心服口服地降服到美国所经济室的冷板凳上。我自从到美国所报到的第一天起就叫他所长，直到2003年他去世前的最后一次通话，我当面一直是这么称呼他的。对我来讲，"所长"已不仅是下级对上级的尊称，"所长"的为人一直是我做人的楷模，决定了我之后的人生轨迹。我为能叫他所长而感到自豪，这代表了我人生中一段无可替代的、刻骨铭心的经历。

所长对部下的指导言简意赅，奖惩分明，话点到为止，令人回味无穷，一生受益。刚坐上经济室的冷板凳，所长就让我把一份英文文件尽快翻译成中文。我知道这不仅仅是让我做的第一件工作，也是他在考查我的翻译能力。我过后听说，所长对我的翻译质量与速度都很满意。在美国所首战告捷并得到他的肯定，我备受鼓舞。所长曾对我说，好的翻译文章，要做到"信、达、雅"。"信"即是要把原文的内容如实地翻译出来，"达"即是要把原文的内容与逻辑畅达地以另外一种文字重现，"雅"即是要把原文的内容和逻辑以优雅的文采表现出来。所长还对我强调指出，"信、达、雅"也体现其重要性的优先次序，即"信"是第一位的，"达"是第二位的，"雅"是第三位的。所长还说，翻译文章如此，做研究写文章也是这个道理，文章内容是第一位的。

进美国所第二年，当我的一篇小文章在《瞭望》志杂上刊登后，所长比我还高兴。我知道这不是因为我的文章写得有多好，而是我文章的内容与所长的观点不谋而合。文章题目是所长出的，所长要求我基于1983年的美国经济状况预测1984年美国总统大选。"里根会连任美国总统"也是所长当时的观点。我在美国所，也受到过他的"敲打"。我印象最深的一次"敲打"是，他在全所大会上说，"有的年轻人入职后工作懒散。"生性懒散但又不甘落于人后的我，只好对号入座，因为我父亲和洪君彦老师对我也是如此评价。我当时也暗下决心，今后绝不辜负所长重望。所长后来兑现了他在我入职时的承诺，但所长在我出国前对我说，"赵归，你结了婚再出国吧，哈哈哈！"我明白所长的用意，结了婚再出国所长就放心了。

在波士顿大学学习期间，由于学业繁忙，与所长的联系就少多了。慎之所长1993年来华盛顿威尔逊总统中心作高级访问学者，在所长百忙的日程中，温洋见缝插针和我组织了美国所年轻人1993年7月5日（星期一）与慎之所长在华盛顿的聚会。当时能通知到的都通知到了，能来的也都来了。温洋还在聚会的餐馆墙上挂起了一条横幅，上面写着："久违了，慎之！"久违了，是啊，这些年来，我们既不能与所长朝夕相处，聆听所长的谆谆教诲，也不能与所长同舟共济，穿过惊涛骇浪，驶向胜利的彼岸。虽然您不在刺刀下做官了，可您过去是，现在是，将来永远是我们敬爱的所长。"久违了，慎之！"一条横幅，当时的确道出了我们来聚会的所有人的心声。这是慎之与美国所年轻人在美国人数最多最隆重的一次团聚，社科院其他研究所在美国的年轻人也闻讯来了好几个人。那天聚餐后，所有人又齐聚慎之在DC的住所畅谈、合影、签字留言，久久不肯离去。

到所长家拜访

一九九五年我父母双双长眠于八宝山革命烈士公墓，我回国期间曾去所长家拜访所长。见了我，所长很高兴，招待我在家里与他家人一起吃了顿便饭，然后兴致勃勃地领我到他那间满是书柜的书屋里聊天。我拜见所长的见面礼，是我参加翻译的Hans J. Morgenthau的经典著作《国家间的政治》，所长当时接过书，一边翻阅书中伍修权的译序，一边评论说，"摩根索1948年出版的这本国际关系奠基作，苏联解体以后咱们才出版，实在太晚了。"所长问我，"你和林晓云什么时候翻译的这本书？"我回答说，"我们出国前。""我怎么不知道呀？"我回答说，"我们是利用业余时间翻译的，没敢告诉你，怕你说我们不务正业。"所长哈哈大笑地说，"你们多虑了。"那天我俩还谈到了所长当初让我先按自费办理出国留学手续，因为我有美国几所大学的校长奖学金。所长说，"能自费留学就不用占所里的公费出国名额，最后自费没办成也没办法。"我问他为什么让我先结婚再出国，害的我爱人隐婚了好几年。所长问我"为什么隐婚？"我说，"她结婚时年纪小，领完结婚证，她父母来我家吃顿便饭，就算结婚了。也没跟她单位的人说，更别说给大家发喜糖了。"所长又一次哈哈大笑地说，"这也是延安精神嘛！你结完婚出国，你也放心嘛！"所长把球反倒踢给我了。

那天所长还问到了美国所年轻人在美国的学习生活情况。我说，"王奔和王大新都比我后出国攻读经济学博士，他们都快拿到博士学位了吧，我得明年才能答辩。"所长说，"美国经济系不像国内经济系，对数学要求很高，很多人不了解情况，去美国学不下来弃学回国的大有人在。你们能学下来就不错了。"所长自从我和大新1982年从北大到美国所报到上班，会上会下一直说我不如大新工作努力上进。"不错了"这种明褒实贬的话，已经是他对我最大的褒奖了。父亲去世后，好几天没与可亲可敬可信的长辈聊天了，那天与所长东拉西扯、无拘无束地聊天，使我刚刚失去父爱的心灵似乎又找到了某种依托。

那天和所长聊天，还谈到了六四那天波士顿的学生在哈佛集合集体上街游行的情况，和六四学生"领袖"们逃亡海外以后令人遗憾的表现。所长说，中国的政治改革因为六四而停摆了，可惜了。没有六四，中国一定不是现在这个样子。所长屋中墙上所挂的两联条幅："已知诸相皆非相，欲待无情还有情"，充分体现了他对六四后的中国欲罢不能的历史使命感。这也是为什么所长要在1999年的五十周年国庆夜，向世人大声疾呼历史的谎言、民族的耻辱和人民的自由的原因。所长在国庆夜奋笔疾书的《风雨苍黄五十年——国庆夜独语》震撼了中国的各界人士。这一振聋发聩的文章，犹如晴天惊雷，响彻大洋两岸。记得当时我在达拉斯下班后接到朋友寄来的这篇文章，一遍一遍地读着，天都快亮了，我都没察觉。

波士顿大学毕业典礼

一九九六年我在波士顿大学毕业，所长当时正好在麻省理工学院访问。波士顿大学与麻省理工学院隔着查尔斯河只是一箭之遥。我邀请所长和当时照料所长的高文谦，出席波士顿大学5月19日举行的毕业典礼。在查尔斯河畔的波士顿大学校园，所长高举酒杯祝贺我完成博士学业的高兴劲，令那些父母没能来的中外同学们羡慕不已，误认为老李是我父亲，我也没必要纠正他们的想像。毕业典礼结束后，我和所长也在波士顿大学入口处的马丁·路德·金记念碑前合了影。在波士顿大学的入口广场，所长微微仰着头，久久注视着马丁·路德·金纪念碑，若有所思。所长似乎在回忆马丁·路德·金在华盛顿的著名讲演"我有一个梦想"。然后对我说："只有像马丁·路德·金这样关注人类命运的人，才是真正的'知识分子'。马丁·路德·金当年也是在波士顿大学拿下的博士，即使你今天也拿下了博士，但你还不是真正的'知识分子'，因为你还没有马丁·路德·金那样的梦想。"所长当时在剑桥正潜心研究的一个重要课题是：如何在中国根深蒂固的皇权专制主义传统文化中实现自由。这是所长的梦想。在马丁·路德·金为自由献身以后，他自由的梦想在全美实现了。从所长对马丁·路德·金纪念碑注目的炯炯目光中和他的话语里，我深深体会到他对我们这一代人的期望，他希望我们做"先天下之忧而忧，后天下之乐而乐"的一代有担当的真正的知识分子，而不要做精致的利己主义者。

和所长的最后一次聊天

我在美国和所长在电话里的最后一次聊天是在2003年春节期间。所长当时委托回国探亲的邓林把他搬到潘家园新家的地址、电话，回美国后通知给在美国的原美国所成员。我接到邓林的电话后，就给所长的新居拨了一个电话。所长接到我的电话格外高兴，像我们每次通话一样，我们谈到了原美国所成员以及家人的近况，所长和我一样，每次通话都要讲讲自己的儿女。所长对儿女爱得很深，总想在晚年能为子女做些什么。所长在电话里还与我提到他要为子女做的事情。所长说话单刀直入，声音还是那么洪亮，笑声还是那么爽朗，但言谈话语之间，不时流露出对美国所在美国的年轻人以及他儿子在美国前程的期望与忧虑。所长历来惜墨如金，我当时借题发挥和所长说，"那就请所长把您对我们的期望与忧虑挥笔题词写下，我要高挂在我家客厅里以便时时提醒自己。"所长说，"我的毛笔字不行，我有毛笔字写得非常好的朋友，我可以请他代笔。"我知道他指的是资中筠的丈夫，西欧所所长陈乐民，他原来和我提起过他的这位部下。

与所长的通话还犹然在耳，所长还没来得及做他要做的事情，还没来得及过他的八十大寿生日，就在2003年4月22日走了。所长去世以后每年春暖花开的时候，我都格外思念所长，今年也不例外。我每每思念所长的时候，总要翻出原美国所"年轻人"在所长遗体告别仪式上的悼词看一遍，念一遍。这悼词是我们（王奔、邓林、侯玲、胡亚非、林晓云、浦宁、温洋和其他原美国所二十一个"年轻人"）当时在电话里，传真上，电邮里字字推敲，反复几稿的悼词。悼词回顾了所长对我们的谆谆教诲，传达了原美国所"年轻人"的心声。悼词定稿后，温洋提议在遗体告别仪式上献上一个鲜花花篮，侯玲当时代表我们美国所二十一个"年轻人"，在北京精选了一个最大的鲜花花篮，花篮里都是最名贵的花种，绿掌、粉掌都是心形的花瓣。按侯玲的话说，心形的花瓣代表了所长年轻部下的一片片心。所长，鲜花会永远陪伴我们，因为每年晚春四月都会春暖花开。久违了，所长，你永远活在我们心里！所长，您在遍布天下的晚辈学子的心中，永久地竖立起了一个真正的知识分子的榜样，我们不会辜负您的期望，我们将像您那样，态度鲜明地面对人生的每一个挑战，走自己的路，做一个肯深思、有作为的关注人类命运的知识分子。

2020年4月22日

慎之所长1996年5月19日在波士顿大学入口处的
马丁·路德·金纪念碑前与作者合影

【作者简介】赵归，1982年在北京大学毕业后到美国所从事美国经济研究。1996年在美国波士顿大学博士毕业后曾在美国多家银行的决策科学部、决策管理部和风险管理部工作。现为自由撰稿人。

追念慎公

高文谦

得知慎公过世的消息，不禁失声呼叫，悲从中来。虽说这回慎公病危，凶多吉少，对此早有预感，但噩耗传来，还是难以接受。十多天前，接获家中电话而紧急返京的思奇（慎公的小儿子）临行前打电话辞别，我还宽慰他，为慎公祈祷祝福，希望他能够挺过这一关。

当时慎公的病情一度有所缓和，我曾私下心存幻想，期待他身体康复后写点东西，评点我刚刚出版的《晚年周恩来》一书。然而天不假缘，慎公终于乘风归去。今生今世我再也不能得到慎公的指点和教诲了，心中怅然若失，往日和他交往的情景一幕一幕浮上心头。

我和慎公相识已有二十多年了。八十年代初，我刚到文献研究室工作不久，慎公当时被胡乔木点名参加起草中共十二大报告的外交部分，写作班子设在毛家湾西院，当年高岗住过的房子。这样上班在一个院子里，吃饭又在一个食堂，我有幸结识了慎公。他为人睿智风趣，博闻强记，学贯中西，在他那一代中是佼佼者，是党内秀才班子中有名的才子。听老人们讲，这正是当年周恩来和胡乔木欣赏他的原因。

说来算是有缘。慎公不仅和家中长辈熟识，他的老伴张贻阿姨和我妈妈还是燕京大学的同学，我的妻子和他的女儿在文革中又一道插队落户。正是由于这一层关系，一开始对慎公的称呼很让我为难。按照机关的习惯，叫"慎之同志"，显得太外道；直呼其名或叫"老李"，又不符合小辈的身份。思来想去，最后想出"慎公"这样一个叫法。对此，慎公本人也认可了，我就这样一直叫了下去。

记得那时每天最愉快的时光是中午吃饭的时候，我总是凑过去和慎公坐在一起。这张桌子总是挤得满满的，在食堂中最引人注目。饭桌上，慎公谈锋甚健，声音洪亮，说古论今，旁证博引，高论迭出，时有"出格"的言论，虽历经坎坷，仍然不改当年"自由化"的本色。他还有一绝，虽是饭桌上谈天的主角，说话却不耽误吃饭，三下五除二就结束战斗，让我们这些后生晚辈自叹不如。

　　后来和慎公混熟了，我常常放下手上的工作，跑到他的办公室和他聊天。这曾引起机关内一些人的非议，我却禁不住诱惑，因为和慎公聊天真是一种难得的享受。慎公总是来者不拒，放下手头的事情，纵论天下大事，海阔天空，古今中外，政治、哲学、历史、文学、艺术、宗教无所不谈，各种典章诗句脱口而出。和慎公聊天，才知道自己这一代人精神上的赤贫和知识结构的残缺浅陋，在自惭形秽之余，受益匪浅，真有"胜读十年书"的感觉。

　　当时慎公已经年逾六十，但心却永远年轻，始终关注追寻当代自然科学和社会科学的最新发展，对各种学说流派了如指掌，又加以融会贯通，深入浅出，娓娓道来。和慎公交往，使我眼界大开，学到了很多东西，包括知人论事的眼光。慎公因此成了我精神上的导师，我也和他成了忘年交，无话不谈。每当有了问题，总是向他请教，释疑解难。

　　八十年代中随着政治上的日益收紧，"清污"、"反自由化"运动接连不断，机关的气氛也越来越压抑。那时每个星期我都要跑到慎公那里聊一聊，排解一下心中的郁闷之气。慎公和我的心情是一样的，只不过没有我那样激愤，或许是多年政治运动磨练的结果。这期间，慎公倒是常和我谈起往事，回顾自己走过的人生道路，反思文革浩劫的历史成因。其中很多思想上的火花，后来都融入他的文章中去了。慎公那间装饰朴素，古色古香的屋子那时候成为我精神上的乐土，每次聊天后，心中的不快往往一扫而空。

　　后来慎公奉命筹建美国所，接着又当了中国社会科学院的副院长，主管国际片。他从毛家湾搬了出去，人也越来越忙，为中美关系出谋划策，穿针引线，惨淡经营。我们之间的交往不像以往那样多了，不过彼此之间心是相通的。六四镇压后，慎公和我一样在清查中遭到整肃，当时已不便来往，但他还惦记着我，曾托人来打听情况，这让我深为感动。

　　更难能可贵的是，慎公对六四后改革大业毁于一旦痛心疾首，曾经表示"不在刺刀下做官"。被揭发出来后，他坦然认账，不为自己做辩解。这句掷地有声的话，曾在当时京城政治圈中广为流传，表现了他的浩然正气，以及一个知识分子的社会良知和不屈服于权势的傲骨。这在当时中共党内领导干部中是绝无仅有的，在六四后高压恐怖的气氛中，给很多人以精神上的鼓舞。

　　我和慎公重新见面是在那年十一前夕，也就是慎公在《风雨苍黄五十年》中所形容的六四屠城后那个灯火黯然的"鬼城"。那次是中央各机关组织到人大会堂听传达。散会后，慎公和我在门口不期而遇。度尽劫波，我见到慎公，格外高兴，一边握手致意，一边端详着他。慎公还是老样子，豁达洒脱，只是眉宇间多了一丝忧惕。当时虽然有很多话要说，但由于各自要上车，只是紧紧握了一下手，请他多多保重，一切尽在不言中了。

　　后来我去慎公家看望他。他已是无官一身轻了，不过他并不以个人的进退为意，更多关注的还是国家和民族的命运。六四后，他在家中客厅里挂了一副对联，代表了他当时的心情。记得上联是"已知诸相皆非相"，语出佛家《金刚经》，原意指参透佛理人生，慎公借此来表达经过六四，已经看透了中共政权的本质，不再存有幻想。下联是"欲待无情还有情"，则是说对国家和民族仍然不改一片赤子之心，放心不下天下的黎民百姓。我想，大概从这时候起，慎公内心萌生了"铁肩担道义，妙手著文章"的想法，奋力完成自己晚年最后的使命。

　　我出国前，慎公正好住院做前列腺手术。我去协和医院看他，那时他的心情大为好转，认为邓小平的南巡讲话总算是扳回一城，虽然没有对六四镇压认错，但仍不失为一条迂回缓进之道，老邓的历史地位不至于一笔勾销。看得出，慎公对时下社会上兴起的传统文化的热潮和所谓"亚洲价值"不以为然，当时他正在考虑中国现代化过程中，文化系统重建的核心价值问题。

　　一九九六年春，慎公应麻省理工学院邀请，前往剑桥。行前，他的家人委托我照料他的生活。张贻阿姨专门给我写了信，介绍慎公的生活习惯和注意事项。我既兴奋又紧张，一方面高兴在异国他乡又能和慎公见面聊天了，一方面又怕照顾不好他，出什么差错。我向她做了保证，一定不辜负信任和嘱托。

就这样，在风景如画的查尔斯河畔，我和慎公朝夕相处，度过了三个月难忘的时光。我执弟子之礼，尽最大努力照顾好他，每天早晨起来放好洗澡水，沏好茶，外出前帮他穿好衣服，晚饭后陪他一起散步，督促他吃药和水果。慎公是见过大场面的人，吃饭却很简单，每顿有点肉吃就行，对饭菜从不挑剔。虽说如此，我还是想法给他变花样。慎公尤其喜欢我做的红烧肘子、酱牛肉、葱爆肉和盐水鸡，记得朱学勤先生来拜访时，还专门让我露了一手。

慎公是个闲不住的人。在剑桥期间，他会见各方人士，广交朋友，几乎每天晚上都有客人来访。交谈中，他以史为镜，针对时下国内泛滥的民族主义虚骄之气和所谓"中国世纪"的论调，指出这种倾向很危险，中国若要进步，非改造国民性不可。中国传统文化的核心是皇权专制主义，如不斩断这条又长又粗的老根，中国的进步和发展是断然无望的。

这期间，慎公还和我谈了他的人生经历，他的童年，参加革命的初衷，当年被打成右派后极度痛苦的心情，文革期间周恩来点名把他从干校调回北京的往事。我们也讨论了周本人历史角色定位的问题。在这一点上，慎公似乎也不能免俗。不过，我一直记着他评周不能离开中国传统文化大背景的教诲。虽说彼此的看法有所不同，慎公还是向哈佛大学鼎力推荐，为我创造了《晚年周恩来》一书的写作条件。后来大陆官方得知我写书后，曾动员慎公出面做我的"工作"，被慎公一口回绝，说学术自由，他没有办法阻止我写书，令来人尴尬而去。

就在这次访问即将结束的前夕，我的妻子要做子宫肌瘤切除手术，慎公督促我赶紧返回纽约，不要管他。我的心情很矛盾，放心不下慎公。但慎公一定坚持要我回去。行前，我把几顿饭菜都做了出来，慎公主要的行装也装好箱子随车带回，并叮嘱慎公疼爱的孙子无双要照顾好爷爷。走时，慎公正有客人来访，但他坚持要下楼送我。车已经开出去一段路了，我从后视镜中看到慎公仍然站在楼前不肯回去，向我这边张望。我知道慎公此时的心情，一种同样的心情油然而生，泪水模糊了我的眼睛……

再次见到慎公是一九九九年的春天，在纽约。一年前，慎公访问德国时中风，落下残疾，走路已经需要拄拐杖，明显的老了。然而，慎公却老而弥坚，笔耕不辍，致力于民众的思想启蒙，为自由民主呐喊呼号，凝聚社会力量，成为大陆思想界倡导自由主义的领军人物。当时十五大已经开过，国内政局出现了某种松动。慎公告我，他虽走路不便，脑力还行，每年总要写几篇文章，把自己想说的话讲出来。我劝他要注意身体，他表示自己有生之年时间不多了，有些话还没有说透，希望再给他三、四年时间，也许就能了结心愿了。

记得有一次我把慎公从家中接出来，一起吃早茶。饭桌上，慎公谈起正在酝酿联络一些人，一起向江泽民建言，借六四十周年和建国五十年之机，解开六四死结，大赦天下，收拾人心，推动政治体制改革。他和我谈起了进言的大体思路，说孙中山三民主义的大文章，毛泽东解决了民族问题，邓小平解决了民生问题，现在就剩下民主问题了，江泽民如能顺势推动政治体制改革，将功在史册。

后来事情的发展却让慎公极为失望，建言非但没有被采纳，反而在政治上更加收紧，而且就建国五十周年庆典大事铺张，掩盖伪造历史，大搞新的个人崇拜。在海内外引起巨大反响的《风雨苍黄五十年》，便是在这种情况下写出来的激愤之作，历数中共三代领导人的罪过，酣畅淋漓，一片忧国忧民之情。文章写成后，慎公曾托人带给我，嘱我转送友人一阅。事实上，还没有容我送出去，这篇文章就已经不胫而走，广为流传，轰动一时。

几年前，慎公曾表示，计划到八十岁时，写一篇《八十自述》，再把近年来写的文章编一个集子，也算是一辈子了。没有想到慎公还是匆匆地走了，带着遗憾，没能等到这一天。其实，他回顾总结自己一生的话早已说了出来，散见在他晚年的著述之中。他在《燕京人物志》中说：我虽然历来主张学有宗旨，但是因为自己学无专长，写作范围十分散漫，不成体系。只有一个大体上的中心，即总是为中国的民主自由呼号。这是来源于在中学时代受康德的一句话影响："以提高人的地位为平生志愿。"

听友人告诉我，去年李锐先生手书北宋王安石咏竹一诗，其中有"人怜直节生来瘦，自许高材志更刚"的句子，赠送给慎公。慎公很喜欢，把它装裱起来挂在客厅里，以此自勉。事实上，这两句意境正是慎公晚年人格的写照。对慎公的历史评价，我想还是借用他的心血之作，给哈维尔文集所作的序《无权者的权力和反政治的政治》中的话来表达吧:"他最大的功绩在于教导人们如何在后极权主义社会尊严地生活,做一个真正的人。"

慎公不朽!

2003年4月26日

【作者简介】高文谦,一九五三年生于北京。曾任中共中央文献研究室室务委员、周恩来生平研究小组组长,参与编写中国官方《周恩来年谱》、《周恩来传》和《毛泽东传》等。曾先后在哥伦比亚大学东亚研究所、华盛顿伍德威尔逊研究中心和哈佛大学费正清研究中心担任访问学者,从事中美关系和中国现代史的研究。现为自由撰稿人。其夫人浦宁曾在中国社会科学院美国所工作。

要研究美国文化：李叔叔的远见卓识

—— 纪念李慎之去世10周年

张小彦

在我的成长过程中，除父母外，他们的朋友对我的教诲在很大成分上影响了我人生观的形成和事业的发展。中国社会科学院美国研究所第一任所长李慎之就是使我终身获益的叔叔阿姨中的一位精英。

1980年，经费孝通先生推荐，我来到美国匹兹堡大学攻读社会学。当时我父亲是人民日报驻美记者，常驻华盛顿。李叔叔正在筹备美国研究所的建立，经常往返于中美之间。每次他来美，我都专程乘车从匹兹堡到华盛顿，既看了爸爸又能有机会与李叔叔畅谈，聆听他对时局的评论和对中美之间差异的分析。

1982年初，当得知我正在研究美国社会后，李叔叔亲笔写信邀我学成回国到美国所工作。信中他明确指出要研究美国文化："最近你爸爸告诉我你有意于研究美国社会，这使我十分高兴。美国所成立才半年，由于中美三十年的隔绝，我们要找一个了解美国的专家真是难上加难。迄今为止勉强配备了一些研究美国外交、政治、经济的人，但是我们的宗旨是要研究 American culture and civilization as a whole（美国文化和文明的总体）；在对美国有全盘了解的基础上再去了解美国具体的外交政策、政治活动，经济趋势。"三十年后重读李叔叔的信，仍对他的远见卓识深感叹服。

从社会学的角度，一个国家的社会变迁可从三个层面来观察。第一层是政策变化和相关的人事变动，变化频率以年计算。第二层是政治和经济制度的更换，变化频率以几十年至百年计算。第三层是文化的变迁和文明的演进，变化频率以几百年至上千年计算。如果把这三层变化放在同一时间轴上，将会看到第一层的曲线是频繁上下摆动，像海面的浪花。第二层是一条波浪曲线，像海洋中的潜流。而第三层则近乎是一条直线，像深海的静水。李叔叔在美国所创建初期就强调要研究美国文化，正说明他早已认识到外交是内政的延伸，而文化和文明则是政策的内涵。美国研究要有成果就必须展开视野，看几百年；深入下去，考查文化和文明的根基。这样才能避免仅在海面上捕捉浪花而达到从根本上了解和认识美国。

　　一个人，一个团体，以至一个国家的社会、经济、外交、政治行为是建立在决策者对现实的"认知"而不是"现实"本身上的。而这种"认知"又受限于决策者所处的文化、历史环境、所具备的认知手段和文明程度。决策者在采取行动前要回答四个问题：第一、此事是否正确（Is this the right thing to do?）。对这个问题的回答取决于决策者的价值观念和道德标准。第二、此事是否能做（Is this doable?）。对这个问题的回答取决于是否有能力（财力，物力和技术手段）做成这件事。第三、如何实施此事（How to do it?）。对这个问题的回答取决于是否有成熟的总体战略方案。第四、什么时间、由谁来做此事（When and who will do it?）。对这个问题的回答取决于是否能形成具体的实施方案并找到时机和合适的人选。第一个问题是文化和文明层的问题。第二个问题是资源和技术上的可行性问题。第三个问题是实施战略问题。第四个问题是战术和策略问题。很明显，如果只注重第二、第三、第四问题而忽视了对第一个问题的研究，美国研究将会本末倒置，走入歧途。这正是李叔叔强调研究美国文化的高明之处。

　　从文化和文明的高度来看问题，美国的成功虽有自然科学的贡献，但更根本的是人文和社会科学。美国以基督教（Christianity）立国，其文化和文明的根基理念是"天赋人权"，在上帝面前人人平等。只有上帝是万能的、完美的，而且每个人都可以直接与耶稣建立关系（这点是基督教与天主教最根本的区别）。人，不管是伟人还是圣人，是不可能完美的。不可能完美又要装饰完美就必然导致虚伪。作为一个没有历史包袱的国家，美国聚集了世界各地要摆脱政治和宗教迫害的人群。这种文化背景和历史条件使得美国在建国的过程中民权实现得最彻底。这种民有、民主、民享的国家吸引了世界上渴望自由的人们并为他们提供了最充分的发展空间。这就是"美国梦"。这种文化的凝聚力和对个人创造力的释放使得美国在短短两百多年中一跃成为领导世界潮流的第一强国,创造了历史的辉煌。

美国2012年总统候选人之一瑞克·桑托洛(Rick Santorum)曾一针见血地指出美国精神的实质。他说独立宣言中的"天赋人权"定义了美国精神。政府是由于人民自治的需要而产生的。人民有权利和义务更换和改变对其不利的政府。而美国宪法的作用则是从不同方面对美国精神的保护。如果说人类社会发展规律是从神权走向君权再走到民权,那么美国在民权道路上是走得最远和最成功的。这不仅是因为美国历史上有华盛顿、杰克逊等伟人,更重要的是美国文化和文明根基使然。

21世纪国际舞台上中美关系更加举足轻重。李叔叔亲手创建的美国研究所一定会沿着他设定的研究方向继续发挥更大的作用。这将是对这位先哲最好的纪念。

2013年2月于美国宾州匹兹堡

【作者简介】张小彦,美国匹兹堡大学社会学博士,美国凯特智能决策公司首席执行官。

追忆李慎之先生

雅非

2003年4月22日，李慎之先生因肺炎不愈去世了。之前虽然知道他病重住院，但在电话上听到他女儿说不是非典是肺炎，就放了心。我这种放心，多半是因为他的音容笑貌在我脑子里所留下的深刻印象：所长从来都是神采奕奕、情绪高涨的；他说起话来底气十足，常常神采飞扬，时而咄咄逼人。

我知道，在先生生病住院的那些日子里，有多少人打电话到李先生家里去询问，表示他们真诚的关切。我也知道，这些电话中有多少是先生治下的社会科学院美国研究所成员打去的。我更知道，先生的去世使我们这些曾在先生治下工作过、后来散居在海内外十几年、相互之间几乎断了联系、有些甚至从未谋面的美国所成员重新走到一起，重温先生在世时教诲我们的时时刻刻，回忆先生在世时在美国研究领域领军奋战的片段情景，难忘先生才情兼备、忧国忧民、慷慨激昂、大智大慧的生动形像。

我叫他所长，是在他就任中国社会科学院美国所所长那段时期养成的习惯。一九八五年，我从社会科学院研究生院毕业后，作为美国所美国文学研究生留在美国所文化室工作。刚毕业的我，对在文化室的这份工作，简直有点战战兢兢：文化室的几张办公桌，一张是中国著名翻译家、美国社会与文化研究主将、我念书时担任研究生院美国系系主任的董乐山先生的，一张是我的导师、著名英美文学学者、莎士比亚全集的编撰人施咸荣先生的，另一张是当时中国少有的外国戏剧研究家、中国著名京剧演员梅兰芳先生的儿子梅绍武先生的，还有两张是两个小年轻的，其中一个就是我。因为上学的关系，我跟室里的三位学者"大腕"很熟，因为他们三个人在我研究生考试口语面试的时候就同时出山，"吓"过我一回了，后来上了三年学，经常往所里跑，从请教到聊天到开玩笑，就不太"怕"他们了。可是所里有一个人，一直让我"害怕"。这个人就是我们的所长李慎之先生。

我为什么"害怕"所长？原因有几个。一个是他名气太大：我那时就知道他是延安的红小鬼，后来成了新华社国际部的大拿，大参考消息都是经他编辑，由他过目后才送报中央的，还知道中共的很多外交文件都是他起草或者修改的。这样的人，每天抬头不见低头见的，你说怕人不怕人。我"害怕"所长的另一个原因是，他特别喜欢"考考"年轻人。在所里工作，我免不了有事去所长室找他请示，他也免不了到文化室来"坐坐"。他到文化室来，主要是跟我的"大腕"同事们商议要事，同时也绝不忘记捎带着考考文化室里的年轻人。我记忆中，我跟所长的对话，大部份都是他在考我，搞得我一见到他，就马上进入"临考"状态。一次，所里跟美国共和党的智囊团 Heritage Foundation 的访华成员开座谈会，当时所长选择了刚从英国留学回来的张毅做翻译。张毅的翻译技巧真是炉火纯青，几乎一字不漏，并句子通顺、词义准确。我们几个没出过国的小年轻看了很是佩服。好像是第二天，所长又来文化室了，一进门就劈头盖脸地问："Wu（他南方口音，吴胡不分）Yafei，你什么时候上阵啊？"问得我差点儿"汗滴禾下土"。可有一次，我写了一篇关于黑人文学的文章，发表在美国所主办的《美国研究》上，他看了后，说："看来你读了不少书嘛。"他那一句话让我得意了好几天。至少在后来的几天中，我不那么"怕"他了。几年以后，他见到我，又"老调重弹"，说："你说说美国的 PC（Political Correctness）是怎么回事吧？"那时我不但不"怕"他了，而且还敢抓住时机侃侃而谈了。完后，我看到他脸上满意的神色，又禁不住暗自得意了许久。

其实仔细想起来，我这样"害怕"所长，这样描述他"吓人"的样子，对他是不公平的，因为我的"害怕"多半缘于我的年轻和不自信。现在想起来，所长其实是很平易近人的。我知道，美国所其他的年轻人都喜欢所长，因为他们当时都不像我那么不自信。所长其实最喜欢跟年轻人打交道，他尤其喜欢有才华的年轻人。假如你跟他聊起来了，深入下去，甚至让他发现你可以在学术方面挑战他，他就会忘记你不过是个年轻人了，他就会忘记他是个资历深厚的高官和学者了。他是一个尊敬才华和思想的人。对他来说，所有人在才华和思想的面前都是平等的，无论你是年轻的还是年长的，无论你是做官还是不做官的。了解了这一点，所长这个人就不那么"吓人"了，他简直就是"可爱"极了。这个我是到了后来自己成熟了一些，才体会到的。美国所的年轻人跟李慎之所长的关系真的是好朋友的关系，互相之间绝没有拘谨，绝没有约束；他那么一个经历广泛、学识渊博、思想敏捷的人，所里的年轻人都喜欢跟他聊天，都喜欢"刺激"他，好让他"信口开河"，好听他"谆谆教诲"，好看他"指点江山"。我以前怕他躲他真是"亏"透了，我躲他躲过了多少激动人心的学习和探讨的机会啊。

几年后，我出国了。后来的一些年中，当时美国所李慎之所长任内的大部分年轻人都陆续出国了。出国以后，我们跟美国所的关系也就逐渐地断了，因为美国所换了新所长，美国所在很多方面都和从前不一样了。然而，这些"年轻人"（现在也都不再年轻了）跟李慎之所长的关系却从来也没有断过。我们常常还是在学术方面找所长探讨，甚至在个人生活方面也是及时跟所长通报的。所长每次来美国访问交流，也都不忘记通知在美国的原美国所成员，能聚会的时候，我们还一起聚会。

我在美国这许多年，一直在教书。我的先生寒哲（我给他起的中文名字）是个民间哲学家（我给他的名号）。多年来，他除了做电脑咨询以养家外，还时刻不忘自己的哲学与文学爱好，读书、写书、办哲学和文学俱乐部。我在教书之余，花了几个月的时间，把先生的书翻译成了中文。九三年起，我开始寻求我的老师们的帮助，请他们批评指点。我先把先生著作的中文译本寄给董乐山老师看，董老师看了很是赞赏，写了封热情洋溢的回信，并将著作的摘要文章推荐给《读书》杂志。后来，我又写信跟所长谈了这部译作，并把译作的打印本寄给了他，所长看了也马上回了信。下面是所长给我先生的复信的部份内容：

　　　寒哲先生：

　　　听 Yafei 给我介绍了你对西方面临的危机的忧虑以后一个星期，就收到了《读书》杂志，看到了你的《衰朽与复兴》的摘要（虽然它简略到几乎完全不能表达你的思想），又一个星期就接到了你寄来的全书（打印稿）。

我把你的著作从头至尾仔细读了两遍。我十分钦佩你的博学，也十分钦佩你的文笔，它确实达到了你所推崇的古典的风格——简洁明净。但是我更钦佩的是，你看到了在被世界上许多发展中国家所羡慕的所谓"发达国家"中存在着深刻的危机，这种危机长期被掩盖、被忽视，只有最肯深思、最有观察力的真正的知识分子才敢于正视。

我所以说"真正的知识分子"，是因为你在你的著作中痛斥那些"假知识分子"，虽然你在别处并没有用过"真正的知识分子"这个名词。我很理解你是用何等严肃的态度来看待"知识分子"的。我们中国本来没有"知识分子"这个名词，它是从你们西方引进的，然而一经翻译，就具有了自己的含义。在今天一般中国人的心目中，一个大学生大概就可以算是一个"知识分子"了，这样的"知识分子"也许能扩展自己的知识而成为一个"大知识分子"，却很少着意考虑人类全体的命运。你所说的知识分子实际上相当于中国传统的士，孔子所谓"志于道"的士，"仁以为己任……死而后已"的士，孟子所谓"无恒产而有恒心"的士。

……

以上李慎之先生的复信全文当时作为书评发表在《读书》杂志上。后来，该书由台湾立绪出版社以《西方思想抒写——给那些无暇阅读经典的人们》为题出版，并征得李慎之先生的同意以他的复信做了序言。

从李慎之先生的信中可以看出，他对"真正的知识分子"这个概念很感兴趣。给所长看稿是九三年四月左右的事。同年七月他来美国访问，在华盛顿暂住。我们这些他原来的"小部下"们组织了一次在华盛顿的聚会。当时，原美国所成员能到的都到了，我和先生也乘飞机赶了去。我记得当时他跟我先生谈话，还讨论了"真正的知识分子"这个概念。

现在回顾起来才意识到，李慎之先生对"真正的知识分子"这一概念的兴趣，表现了他对中国社会缺少"真正的知识分子"这一现象的担忧，也说明他在晚年由于自由思想的表达而仕途坎坷，进而看清官场，立志还自己本来面目，做一个独立思考的"先天下之忧而忧"的真正的知识分子的决心。

记得华盛顿聚会时，我们去当地一家中国餐馆吃饭。几个在华盛顿附近的聚会组织者在餐馆的一面墙上挂起了一个横幅，上面写着："久违了，慎之！"（他们都叫他慎之，因为他总是acted like one。我还是习惯叫他"所长"，因为我总是对他敬佩有加，从不敢"造次"。）"久违了，慎之！"这句话非常准确地道出了当时所有到场人的心思。看到那句话，我心里想的是，我们这些当年的小年轻在所长的呵护下，一个个都长大了，成家了，出来深造后，又都将目光转向个人生活，各自开始了与美国研究不大相干的事业，而所长他却一个人在国内坚持不懈地关注着中国与世界的命运，坚持表达自己对中国和国际事务的独立见解，以推动中国在各方面与世界的接轨。面对这一切，我们这些他曾经寄予希望的年轻人，不对他说一声"久违了"，还能说什么呢？

华盛顿聚会的场面还历历在目，李慎之先生就走了。

李慎之先生走了。中国又少了一个"着意考虑人类全体的命运"的"真正的知识分子"。

这次我们却不能再对他说"久违了"。这次我们竟要说："永别了，所长！"

所长，我知道我将不再收到您每年圣诞节寄来的精美卡片了，我知道我将不再看到您的信件、您的字迹了。但您却在我的心中永久地竖立起一个榜样：我将像以往做您的"部下"那样，以"临考"的精神状态面对生活中可能遇到的每一个挑战；我将像您那样，想自己的思想，走自己的道路，做一个有自信、爱人类的人。

我们曾经聚集在先生的周围，受他的熏陶和感染，让他走进我们的心，在那里留下他的印迹；我们现在又重新聚集在先生的旗下，向世人捧起我们的心，让他们知道我们的所长是怎样一个人，让他们知道我们失去的是怎样一位无可取代的导师和挚友。本书编发的文章，仍系慎公麾下原美国所成员所作。这些文章从个人的视角，回忆慎公生前的思想、言行，读来令人有再晤慎公神形、又闻慎公教诲之感。

多年前，我们曾因慎公而相聚。多年后，我们又因慎公而不散。慎公与我们长在！一个人活到这样，便真正是活在人们心中了！

2003年4月24日写于美国麻省

【作者简介】胡亚非（雅非），1985年毕业于中国社会科学院研究生院，获美国当代文学硕士学位，毕业后留在社科院美国所工作；1987年至1990年在美国麻省史密斯女子学院攻读并获得美国教育硕士学位，毕业后她曾在美国东部学校执教。

李慎之致哈蒙德先生

李慎之

哈蒙德先生：

听亚非给我介绍了你对西方面临的危机的忧虑以后一个星期，就收到八月份的《读书》杂志，看到了你的《衰微与复兴》的摘要（虽然它简略到几乎完全不能表达你的思想），又一个星期就接到了你寄来的全书（打印稿）。

我把你的著作从头至尾仔细读了两遍。我十分钦佩你的博学，也十分钦佩你的文笔，它确实达到了你所推崇的古典的风格——简洁明净。但是我更钦佩的是你看到了，在被世界上许多发展中国家所羡慕的所谓"发达国家"中存在着深刻的危机，这种危机长期被掩盖、被忽视，只有最肯深思，最有洞察力的真正的知识分子才敢于正视。

我所以说，"真正的知识分子"，是因为你在你的著作中痛斥那些"假知识分子"，虽然你在别处并没有用过"真正的知识分子"这个名词。我很能理解你是用何等严肃的态度来看待"知识分子"的。我们中国本来没有"知识分子"这个名词，它是从你们西方引进的，然而一经翻译，就具有了自己的含义。在今天一般中国人的心目中，一个大学生大概就可以算是一个"知识分子"了，这样的知识分子，也许想扩展自己的知识而成为一个"大知识分子"，却很少着意考虑人类全体的命运，子孙后代的命运。你所说的知识分子实际上相当于中国传统的士，孔子所谓"志于道"的士，"仁以为己任……死而后已"的士，孟子所谓"无恒产而有恒心"的士。

你对西方的衰朽的观察几乎完全不涉及具体问题，而是从精神方面着眼，这一点也与中国的士历来从世道人心觇世运兴衰的传统相似。你认为西方人现在胸无大志，失去了自尊和自豪，失去了深微玄远的追求。(p.84) 你以为对西方的威胁不在于外部的侵略，甚至也不在于经济的衰退与环境的污染，而在于心智的闭塞，人们只知道挣钱和花钱。(p.85) 你憎恶所谓的"工作道德"把一切都变成了"做生意"（p.89），而人们普遍追求的"成功"却无非是"挣大钱"的别名（p.157）。你看到了西方社会在和平、舒适和繁荣中退化，蒙着眼睛走向未来（p.146）。你批评西方的民主政治使得政客们只知道拉选票而迁就各个利益集团。实际上选票顶多代表眼前的利益而不代表后代的利益（p.142）。西方民主给了个人这么多的权力，而社会作为整体却几乎毫无权力。这实际上只是以群氓专政代替国家专政（p.143）。由于后代既没有选票，也没有人为他们考虑，你问道，"如果哲学家不为他们说话，还有谁为他们说话呢？"（p.142）

所有这些，都是很深刻的见解。但是使我感到遗憾的是，你没有提出任何解决西方所面临的危机的方案。而在如何救治与到底能否救治还看不出端倪的时候，你却乐观地预言，西方正因为衰朽已极而到了复兴的前夜。这却是我所不能理解的。

从全书看，你作如此推理的唯一根据是你相信衰朽与新生（比起"衰微与复兴"来，这似乎是 DECADENCE AND RENNAISSANCE 更贴切的翻译）交替的哲学。你根据弗洛伊德立说，认为社会与一切有机体一样有生的本能和死的本能，可是它又与其他有机体不同，并不必然会死亡，而有一个衰朽与新生的轮回。我们中国人倒也有"物极必反"、"剥极必复"以及你所提到的"一阴一阳之谓道"这样的传统观念，然而在有可观察得到的迹象以前，这往往是一种未必兑现的信念或者幻觉。

当然，你也曾通过你设计的一段对话，提出了发生革命的可能，但是这种设想又被另一个对话者认为不可想象而否定。至于这个对话者自己提出的"最好的政府"应当能结合君主政治、贵族政治与民主政治的优点于一体的办法，当然也只能看作是一种希望、一种理想而无法认真对待。

也许你唯一提出的一个救治办法，是你在144页中所说的"罪犯应当处决，而不应当监禁"。这也是在你全书中出现的唯一可称为激烈的语言。我很能理解你如此愤慨的原因：在你们的国家里，要花与培养哈佛大学一个学生同样多的费用来监禁一个犯人。结果是：国家没有那么多钱来养犯人，司法机关拿不出钱来办案，老百姓打不起官司，只好使罪犯逍遥法外，不但继续祸害社会，而且以英雄的姿态吸引更多的人学他们的榜样，形成一个恶性循环。这样，也就无怪乎美国总统会承认：你们的公民在华盛顿大街上还没有你们的士兵在伊拉克战场上安全了。

你的话在中国是比较容易接受的，因为我们有"治乱世用重典"的传统。然而中国人也认为保证社会安全首先还要靠礼治、靠教化，也就是你所极其重视的"文化"，所以孔子说"道之以政，齐之以刑，民免而无耻；道之以德，齐之以礼，有耻且格"。至于在美国，我恐怕你的话就不但不会被接受，而且还会受到攻击。尽管美国人已深受罪犯横行之苦，但是你怎么才能改变他们在"人权"和"人道"上的成见呢？你认为在"上帝死了"以后，有可能建立一种非宗教的道德（p.134）。这对美国、对世界都是十分重要的设想，但是从何入手呢？

你的乐观之所以难于感染我，还在于你所列举的历史案例，不过是希腊、罗马、英国、法国这样一些相对来说是小而分立的国家，而没有涉及美国，更没有涉及东方。可是我们今天正在进入全球化的时代，一个国家的命运不但决定于内部因素，也决定于外部环境。在全球的范围内，我们不但看到西方在害病，还看到这种病害也在向四处扩散。当然，我们都有救治的责任，不过这个任务实在太大了。即使在你的哲学里也还没有对全人类的衰朽与新生的循环机制作任何论述，虽然你像过去的许多哲人一样确信人类最终总是要统一的。

我们中国人的传统哲学中并没有生的本能与死的本能这样的观念，但是也有五德三统这类循环论的观念。中国古人所以有这样的观念，大概是因为一个皇朝统治二百年以后，不论其开国时的规模如何宏大，制度如何完备，都必然要衰敝，不能不经过突变而让位于下一个皇朝。就这一点说，倒似乎很可以套到现在的美国头上。当然情况仍然是大不相同的。

纵观全书，我以为你确实是在一般人还没有看到的时候，看到了美国所面临的危机，这不但表现出智力上的洞察力，而且表现出道德上的责任感。这是与中国的士"先天下之忧而忧"的传统相一致的。但是，我希望你能更深入而具体地考察造成美国社会病象的各个方面与各种问题。提出救治的办法当然困难，但是正如医生看病一样，有了确切的诊断，开方子总会比较容易些。这样，对那些研究美国、关心人类前途的人来说，也可以得到更多的教益。

李慎之
1992年9月28日

【附录一： 李慎之与美国所大事记 1980 —2003年 】

1980-1982年

陪同邓小平访问美国回来一年后的1980年，李慎之被胡乔木、梅益委以重任筹建中国社会科学院美国研究所。李慎之首先在中国各部委、机关院校，美国各院校物色、挖掘、聘请美国所研究人员。在筹建美国所期间，李慎之还派筹建美国所成员朱传一先期赴美国考察，为筹建美国研究所投石问路。筹备过程中最早成立三个组一个办公室，一个外事组，李道揆负责，一个编译组，董乐山负责，一个图书资料组，万青负责，办公室由孙暄负责。李慎之对图书资料组的要求是要把美国所图书馆变成全国最有权威实力的有关美国的综合图书馆。

李慎之在筹建美国研究所时，明确指出美国研究所的宗旨是要研究美国文化和文明的总体，并要在发展中研究美国。李慎之写道，"我们的宗旨是要研究美国文化和文明的总体；在对美国有全盘了解的基础上再去了解美国具体的外交政策，政治活动，经济趋势。"

中国社会科学院美国研究所成立于1981年4月下旬，李慎之和社会科学院日本研究所首任所长何方商议，为了人们好记，让《人民日报》发新闻稿时，把中国社会科学院美国研究所、日本研究所成立日期均报道为1981年5月1日。成立地点在原全国总工会干部学校（现为中国劳动关系学院）院内卫生所二层。当时美国所位于二层西段，日本所位于二层东段，两所只有位于楼道中的一部电话。半年之后，由于全总干校卫生所拆迁，美国所与日本所同时转迁西苑饭店8号楼办公。这是美国所的第一次搬迁。

美国所成立之初的人员构成，除所长李慎之、副所长李寿祺之外，主要为原世界政治研究所（筹建中未正式成立）美国组（即美国研究室）的原有人员，有李道揆、俞元开、朱传一、张静宜、万青、黄麒、李元良、邓林、李晖，这些人被李慎之戏称为美国所"史前人物"。当时从其他单位调入的还有陈宝森、董乐山、刘天舒、顾宁、李萍、邓文彬。其中陈宝森、董乐山、李道揆、俞元开及后来调入的归侨吴廷华被李慎之戏称为美国所最初的"五虎上将"。美国所当时有三个搞英文的人，董乐山、梅绍武（梅兰芳的长子)和姚琮，李慎之就戏称三人是美国所的"三剑客"。

美国研究所成立以后只有一份内部刊物《美国研究参考资料》。名为"内部"，发行量并不低于正式刊物，对改革开放初期，知识界渴望了解外国的旺盛的求知欲是一大满足，同时也对如实地传播关于美国的知识起了启蒙作用。

1981年党中央要成立对外宣传小组，胡乔木推荐李慎之当小组长。中央对外宣传小组组长是止部级位高权重的党中央职务。李慎之给胡乔木写了封信，婉言谢绝了胡乔木的推荐，其中引了一句孔子的话，大意是他想用几年时间，读几本书，专心办好美国所，中央对外宣传小组组长的事就不能干了。胡乔木没有再坚持，此事就过去了。

1981至1982年期间，李慎之在创建美国所的同时，被胡乔木点名参加起草中共十二大报告的外交部分，李慎之在起草中共十二大报告期间的办公地点是林彪故居毛家湾和玉泉山。

在中国共产党历届大会报告的历史上，李慎之起草的十二大工作报告第一次明确提出了中国外交政策的根本出发点是中国的"国家利益"不再唱国际主义的高调，并明确提出不与任何大国结盟，实行独立自主的外交政策。

1981年以后，李慎之先后招聘了从英国、美国学成归国的留学生温洋，张毅，林晓云等年轻人。初步实现了他"楚材晋培，还归楚用"的设想。同期，李慎之还从各部委和高校招聘了有志于研究美国的人才，进一步充实加强了美国所研究人员队伍。

1982年在赴美的飞机上，资中筠第一次巧遇李慎之，而且恰好座位相邻。当时两人都是素昧平生，回国后，李慎之邀请资中筠参加社科院的多次对外交流活动，并着手把资中筠"挖"来美国所，直到1985年才办成。李慎之1982年访问美国期间，还应邀访问了美国布兰戴斯大学。他应邀来访时，很支持"在发展中看待美国"的观点。

1982年9月下旬，李慎之亲自参加领导社科院和美国国会图书馆协商图书交流的会谈。会谈达成协议，美国国会图书馆同意在1983年，向社科院图书馆赠送2万册图书。

1982年美国所和日本所一起搬迁到张自忠路3号，美国所在3号院中楼二层的东侧，日本所在西侧。这是美国所的第二次搬迁。

1983-1984年

1983年5月美国所全权筹备召开了"全国美国研究研讨会"，李慎之亲自领导并主持了这场文革以后第一次全国性的美国研究盛会，与会者有国务院、中联部、外交部、社科院、北大和全国有关机构和院校的负责人和专家学者。前驻美大使、时任外交部副部长韩叙把李慎之的发言稿会后转发给外交部各有关单位学习。这次研讨会开启了在全国范围研究美国的新局面。

1983年收到美国国会图书馆赠送的2万册图书后，李慎之说，把这些书中的名著和畅销书翻译成中文，是了解美国最重要的方式之一。此后，美国所的年轻人组织了一个"无知社"。取名"无知"，是因为美国所的年轻人自认知识有限，常有"书到用时方恨少"的懊恼，愿以此激励进取。在图书馆阅览室举行的成立仪式上，慎之勉励美国所的年轻人，做学问要戒骄戒躁，要坐得起冷板凳，要做到"知之为知，不知为不知，乃知也"。美国所研究人员也不辜负李慎之的期望，此后陆续翻译出了大量的外国经典著作和畅销书，例如《大趋势》《国家间的政治》《21世纪的社会保障》《官僚体制的政治》等。

1983年，美国所搬迁到太平路装甲兵招待所办公，地远，在公主坟西的沙沟。这是美国所的第三次搬迁。当年美国所全年经费才19万多，社科院单为招待所的房租就追加了4.5万元。美国所在装甲兵招待所期间经历了1984年的清除精神污染运动，李慎之云手推掌，美国所不但没有整任何人，而且还保护了所谓"犯错误"的美国所年轻人。

1984年1月，李慎之任赵紫阳总理访美时的特别助理。

1984年位于北京建国门的社科院大楼建成，这也是当时社科院新院长马洪完成了胡乔木任上未竟之事。美国所于当年6月进驻社科院大楼13层西段，这是美国所的第四次搬迁。搬家时还有一段插曲。社科院原定美国所在12层，美国所动员全体人员，费尽九牛二虎之力将所有家当（包括400箱美国国会图书馆赠送的2万册赠书）搬入12层后，社科院又决定把美国所调整至13层，当时全所一致反对。后经社科院反复劝说，又由社科院派人替美国所将所有家当移至13层才算了事。

1984年，中国社会科学出版社出版了中国社科院美国所编辑组编写的《美中关系未来十年 —— 美国大西洋理事会对华政策论文集》

1985—1986年

李慎之自1985年起任中国社会科学院副院长，主管"国际片"的八个研究所并继续兼任美国研究所所长。

1985年春，美国著名学者和中国问题专家 Michel Oksenberg 和李侃如（Kenneth Lieberthal）访华时，李慎之主持接待工作。其间李慎之推荐美国所几位青年研究人员，让 Oksenberg 和李侃如在美国所面试，后被派往李侃如当时任教的美国密西根大学进修学习一年。美国所大部分研究人员都曾被李慎之派往美国学习访问培养。"楚材晋培，还归楚用"一直是李慎之培养研究美国人才的建所方针。李慎之写道，"我们渴望能物色到懂得美国社会的人才，物色不到就培养，在中国培养有困难就送到美国去培养，这是我们的设想。"

1985年秋，上海复旦大学召开全国第一次中美关系讨论会。李慎之到会讲话，当时他已是中国社科院副院长，负责社科院的国际片所和外事。会议期间，李慎之把任东来认作是王沪宁。在相当的一段时间里，李慎之还一直把金灿荣叫成任东来。

1986年李慎之到南京参加南京大学和美国霍普金斯大学合作创办的中美文化研究中心开学典礼。他的高谈阔论让美国学生折服，一位学生想拜读他的著作。李慎之坦诚相告说，他没有著作。学生又问他什么时候能够把自己的想法写出来，李慎之哈哈大笑说："写出来也不一定能发表，只能藏之深山。"

1986年美国著名中国问题专家傅高义（Ezra Vogel）来访，李慎之主持会议，李慎之介绍宾主时说，这是著名的《Japan As Number One》一书的作者，哈佛大学教授傅高义，就是傅作义的弟弟，哈哈哈！也不知傅高义听懂了没有，反正他跟着大家一起笑了……

1986年李慎之推动了美国凯特林基金会（Kettering Foundation）与中国的"中美长期对话"项目。中国前驻美大使章文晋和著名国际问题专家宦乡都曾参与此项目。1986年秋，李慎之带了一队学者和前外交官（包括前驻西德大使王殊和后来接替李慎之担任美国所所长的资中筠），与美国凯特林基金会组织的一些美国著名人士主要针对台湾问题举行了一系列会谈，开展"民间外交"，期间还与一些政府官员和国会议员见面。张毅与王缉思一起随团参加了活动。

1987-1989年

1987年《美国研究》正式创刊，由李慎之亲自创办并担任主编。时任副所长资中筠和吴展、董乐山和施咸荣在创办中也出过大力。李慎之亲自挂帅，全力以赴，从方针到格式、封面设计都亲自过问。当时没有专职编辑，老李创造性地决定第一年让本所的四位老学者：陈宝森、董乐山、施咸荣、严四光每人轮流编一期。至于内容，毋容赘言，老李在思想上是站在开放改革前沿的，主张突破教条、打破禁区，独立思考，以客观、科学的精神介绍和分析研究美国，而提倡对美国本身各个方面作深入的研究。这是他开办美国所的初衷。资中筠在《美国研究》创刊号中借用了冯友兰的"哲学家是全民族的智囊"的说法。老李对这一提法立即采纳并予以大力提倡。照道理，《美国研究》应该由李慎之写发刊词，但是他惜墨如金，《美国研究》创刊号别树一帜就是没有正式的发刊词。

李慎之自1988年3月起任第七届全国人民代表大会代表，第七届全国人民代表大会常务委员会委员。当时有人推荐李慎之代表中国人大，出任世界各国议会联盟的中国代表，因为他当时担任人大常委会外事委员会的委员，李慎之拒绝了。

资中筠1988年继李慎之之后任中国社会科学院美国研究所第二任所长。何迪和张毅任所长助理。

1988年12月李慎之和资中筠主持召开了中华美国学会成立大会暨中美建交十周年学术讨论会。中华美国学会名称是老李定的。会议邀请了黄华、柴泽民、黄镇、章文晋等几位前任驻美联络处、驻美、驻联合国的老大使和时任的中国驻美大使朱启桢及美国驻华大使洛德与会，会议还以电视卫星联线（这在1988年还是很先进新潮的方法），与布热津斯基、伍德科克、恒安石进行了对话。会议邀请了全国各美国研究中心的负责人、资深研究人员参加，济济一堂，同时还有美国社会科学委员会的魏克曼（Fred Walkman）等美方专家与会。会议开得很成功。会议决定由李慎之任中华美国学会第一届会长，美国所王世荣任秘书长，何迪和张毅任副秘书长。

1989年，商务印书馆出版了由中国社科院美国所、中华美国学会编写的《中美关系十年》。

中华美国学会成立后与美国所联合决定出版"美国研究丛书"。美国学会成立后，国内的美国研究明显上了一个台阶，出现了新气象。学会联络国内美国研究同行，非常活跃。在南京大学—约翰·霍普金斯中美文化中心举办了一次学术会议，老资和老李都去参加了那次会议。美国所还参加了复旦大学汪熙教授主持的美国研究中心召开的美国与东亚关系讨论会，谢希德校长亲自出席。美国所还与台湾同行联络，台湾学者高希钧、苏起、高英茂、朱云汉等都来过美国所访问；美国所还接待众多美国学者，包括斯卡拉皮诺（Robert A. Scalapino）等，同时还开始接受美国的访问学者，如赵文慈、Richard Madison、沈大伟（David Shambaugh）、唐耐心（Nancy Tucker）等。

美国研究所的图书馆也大大加强，引进了计算机系统进行管理，《美国研究》和内刊《美国研究参考资料》成为业内的权威性学术刊物，对当时社会上政治改革贡献很大。

1989年5月天安门广场发生绝食五天以后，李慎之陪同社科院名誉院长胡乔木在社科院会见美国一位教授，会见结束之后，张毅流着眼泪向胡抱怨政府对学生绝食的态度。老李严肃地对胡说：乔木同志，你是我党的老臣重臣，现在是该你站出来说话的时候了！李慎之之后草拟了一张大字报，支持民主运动，贴在社科院大楼东门，胡绳及刘国光等领导都在上面签了名。"六四"后又来了一次清洗，李慎之再次挨批评，他愤而辞去了中国社会科学院副院长一职，并留下一句掷地有声的名言：不在刺刀底下当官。

"六四"之后，中华美国学会会长李慎之和资中筠专门派何迪和张毅以中华美国学会副秘书长的名义，走访了南京大学霍普金斯中美文化交流中心、复旦大学美国研究中心和在上海从事美国研究的相关单位，以了解国内外形势对中国美国研究的影响。

"六四"之后，美国等西方国家对华实行国际制裁，1990年，中华美国学会会长李慎之和资中筠赴美开会，并去拜会了支持和反对延续中国最惠国待遇的美国国会议员索罗斯、罗斯和南希·佩洛西，劝说美国延续中国的最惠国待遇。在美国所和其他一些机构的努力下，中国终于采取了一些变通措施，维护了中美关系中的最惠国待遇。

1989年以后

中华美国学会会长李慎之参加了1990年开封"全国美国史会议"、1991年北京"二十世纪美国与亚洲国际讨论会"、1992年上海"纪念《上海公报》二十周年讨论会"、1994年"南京大学国际问题研究所成立大会"、1995年广州"中美关系史讨论会"、1996年南京大学 "中国传统文化与21世纪国际讨论会"等会议，并在大会上发言。

在1991年太平洋学会纪念哥伦布航行到美洲500周年纪念会上，李慎之第一次明确提出了全球化的意义：地理的全球化始于哥伦布的航行，科学的全球化始于牛顿的力学，思想的全球化始于法国大革命，经济的全球化始于资本主义，信息的全球化始于电脑网络。他对信息的全球化给予了特别的关注，认为苏联的解体是信息全球化瓦解了一个封闭社会的结果。

李慎之1993年去美国首都华盛顿威尔逊总统中心作高级访问学者。在此期间他与来自美国各地的近二十位美国所年轻人团聚。1993年7月5日下午聚餐餐厅门口高悬"久违了，慎之"的横幅，这是慎之与美国所年轻人在美国人数最多最隆重的一次团聚。聚餐后，全体人员齐聚慎之在DC的住所畅谈、合影、签字留言，久久不肯离去。

1996年2月美国所址再次迁回张自忠路3号。社科院的说法是为了国际学科各研究所集中，实际导火线是社科院要将地处日坛路5号的农业发展所迁出，而农业发展所又非社科院大楼不搬，所以才导致美国所迁出社科院大楼，农业发展所迁入社科院大楼。这是美国所的第五次搬迁。

李慎之于1996年离休，同年春，李慎之应美国麻省理工学院邀请，前往剑桥潜心研究：如何在中国根深蒂固的皇权专制主义传统文化中实现自由。

1998年年底，李慎之参加了中华美国学会和美国所在北京举办的"纪念中美建交20周年学术研讨会"。

1998年李慎之为北大百年校庆，发表了《弘扬北大的自由主义》一文："在人认为有价值的各种价值中，自由是最有价值的一种价值。"

1999年春，李慎之应邀赴美国凯特琳基金会作为期两个月的研究。美国所赵梅同期也去凯特琳基金会工作，同时助理李慎之的研究工作。

1999年，李慎之联络了一些人，一起向江泽民建言借六四事件十周年和建国五十年之际，解开六四死结，推动政治体制改革。建言非但没有被采纳，江泽民反而在建国五十周年国庆节大搞新的个人崇拜。李慎之于是在一九九九年国庆夜奋笔疾书《风雨苍黄五十年》。惜墨如金的他原本也不是为发表的，而是自己发自肺腑的感言，印出来给几个朋友看看。后来文章不胫而走被传上了网，广为流传，任东来称之为千古名篇。

自1988年以来，李慎之历任中华美国学会每三年一届的前四届会长，1999年11月（《风雨苍黄五十年》不胫而走的第二个月，李慎之时年76岁），民政部以年龄在70岁以上的老同志不宜再继续担任学会领导职务为由，要求中华美国学会会长第四届会长中途易人，遂由原副会长、时任中国社会科学院美国研究所所长王缉思继任第四届会长。

在2000年发表在《战略与管理》的文章里，李慎之把中国文化传统一言以蔽之为专制主义。

2003年2月21日星期五，李慎之在天则所的双周学术报告会上做了关于中国民主化的讲演。这是慎之去世前最后一次公开的讲演。那天到会的人特别多，会场里坐不下，走廊里挤满了站着听讲的人。

李慎之2003年4月22日逝世，享年79岁。

【附录二：美国所最早一批人员编制】

所领导：李慎之（所长）

李寿祺、吴展、资中筠、王世荣、王缉思、陶文钊、胡国成

政治研究室：李道揆（室主任）

吴振英、李淼、杨达洲、曹德谦、周砚、朱宏前、张毅、温洋、任越、金灿荣、林晓云、师枫燕、王树盛

经济研究室：陈宝森（室主任）

茅于轼、李国有、王奔、王大新、赵归、侯玲、黄小怡、赵斌、张跃宏、郑传民

外交研究室：张静怡（室主任）

张也白、霍世亮、严四光、蒋正豪、牛军、黄春、浦宁、黄麒、何迪、宋九光

社会文化研究室：施咸荣（室主任）

姚琮、董乐山、顾宁、张致平、梅绍武、朱传一、段牧云、高振亚、刘天舒、赵毅、李小兵、邓方、秦斌详、姬虹、张烨、胡亚非、任东来、贾蔼美

编辑部：梁培恕、邵宏志、赵梅

图书馆：万青、董国威、邓林、王其锋、韦聪、高英东、曹树恒

办公室：孙暄、田生源、李树明、田隆德、吴建军、李萍、李晖、邓文彬、杜丽英、刘翠青、孙建国、刘洁

【附录三： 中华美国学会第一届会长、秘书长、理事名单】

1988年12月14日第一届理事会通过

名誉会长 章文晋

会　　长 李慎之

秘 书 长 王世荣

副秘书长 郑伟民、何迪、张毅

常务理事 王世荣、 王志刚、 王缉思、 邓蜀生、刘绪贻、李道揆、 李慎之、 汪 熙、 沈宗灵、 吴富恒、 陈启懋、陈宝森、 杨生茂、 金君辉、 洪君彦、 张友伦、 郭吴新、 施咸荣、 柳瑟青、 高文美、 资中筠、袁明、陶文钊、 彭 迪、 梅仁毅、 谢希德、 董乐山、 韩世隆、 蔡祖铭、 熊性美

中华美国学会第一届理事会名单

朱传一 中国社会科学院美国研究所

吴 展 《美国研究》编辑部

俞可兴 中国社会科学院世界经济与政治研究所

赵一凡 中国社会科学院外国文学研究所欧美文学研究室

丁铭楠 中美关系史丛书编委会

朱贵生 中国社会科学院世界历史研究所美国史室

宋宝贤 中国现代国际关系研究所

萨本望 北京国际战略问题学会

刘书礼 军事科学院外国军事研究部

武坚达 北京社会科学院外国问题研究所

周南熙 中央教育科学研究所

孔凡昌 对外经贸部外贸研究所美大室

齐文颖 北京大学北大一燕京美国研究中心

朱永涛　北京外国语学院美国研究中心

王英杰　北京师范大学外国教育研究所

周世俭　北京对外经贸大学

潘振强　国防大学战略研究所

刘新民　北京外国语学院英美文学研究所

高应谦　新华社国际部

黄书海　《世界知识》编辑部

华　棣　中国国际信托投资公司国际研究所

杨　铮　首都钢铁公司国际问题研究所

张益庭　外交学院美国研究中心

席林生　人民日报社国际部

方　生　商务印书馆《美国丛书》编辑室

周敦仁　上海复旦大学美国研究中心

章嘉琳　上海国际问题研究所美国研究室

杨思正　上海社会科学院世界经济研究所

张岱云　上海外国语学院美国研究中心

车铭洲　天津南开大学美国问题研究中心

李世洞　中国美国史研究会

高玉芳　武汉大学美国加拿大经济研究所

周茂荣　中国美国经济学会

韩　铁　武汉大学世界史研究所美国史研究室

沈宗美　南京大学—约翰斯·霍浦金斯中美文化中心

王誉公　山东大学中国美国文学会

顾学稼　四川大学历史系美国史研究室

朱通伯　四川大学美国研究中心

蒋相泽　中山大学美国研究中心

王　琳　洛阳外语学院

王守义　黑龙江大学美国研究中心

丁则民　东北师范大学美国史研究室

刘传炎　吉林大学国际经济系暨吉林省美国经济学会
郑伟民　深圳社会科学联合会

【附录四： 美国所 "年轻人" 在李慎之遗体告别仪式上的悼词】

李慎之同志遗体告别仪式于2003年5月9日上午在北京八宝山殡仪馆举行。在遗体告别仪式上，有美国所二十一位"年轻人"献上的在北京精选的一个最大的鲜花花篮，花篮里都是最名贵的花种，绿掌、粉掌都是心形的花瓣，心形的花瓣代表了所长年轻部下的一片片心。

慎之所长, 我们永远怀念您

美国所"年轻人"

慎之所长去世的消息，传遍了神州大地、香港和美国的东西两岸。我们这些原美国所的"年轻人"（现在也都不再年轻了），从心底里深深地怀念我们的所长。我们怀念所长的音容笑貌，我们怀念所长严师的教诲和忘年交的深谈。

所长，八十年代初，是您把我们从校门带进您亲手创建的美国研究所。我们都曾耳闻目睹过您的才华，我们都曾为您的渊博学识所折服，我们都曾为您的敏捷思想、独特见地所震撼。您身上集中了五四以来中国知识分子的美德，您先天下之忧而忧，后天下之乐而乐；您关心世事，不随波逐流；您学以致用，不趋炎附势。直到晚年，您都从来没有停止过对历史的反思，您都从来没有忘记过国家的前途。您一生坚持不懈地关注着中国与世界的命运，坚持自己对中国和国际事务的独立见解，您帮助发展了中美关系，推动了中国在各方面与世界的接轨。

您走了，所长。您之后的中国，又少了一位最肯深思、最有洞察力的真正的知识分子。

十年前与您在华盛顿聚会时，我们曾挂起横幅，对您说：久违了，慎之！那时，我们心中有与您久别重逢的喜悦，也有对辜负您重望的歉意。十年后的今天，我们知道您不能再参加我们的聚会与庆典了；我们知道，我们将不再收到您寄来的文字和信件了，我们知道我们将不再听到您的声音了，我们知道我们将不再看到您侃侃而谈、神采奕奕的形象了。但是，所长，您在遍布世界各地的晚辈学子的心中，永久地竖立起了一个真正的知识分子的榜样：我们将像您那样，态度鲜明地面对人生的每一个挑战，走自己的路，做一个肯深思、有作为的人。

芳菲菲而难亏兮，芬至今犹未沫。所长有灵，当含笑于九泉之下。永别了，慎之所长！安息吧，我们永远怀念您！

邓林、邓方、段牧云、顾宁、何迪、侯玲
胡亚非、李小兵、林晓云、浦宁、任东来
任越、师枫燕、王奔、王大新、温洋
张跃宏、张毅、赵归、赵毅、朱宏前

2003年4月

更多壹嘉好书推荐

https://1plusbooks.com

《夕照漫笔》上下卷 资中筠著

德高望重的著名学者、原中国社科院美国研究所所长资中筠先生最新随笔集，持续热卖中，各网络书店有售，输入中文书名即可抵达。港台地区可在博客来（台湾）、田园书屋（香港）等购买。定价：上卷US$22.99, 下卷$23.99

《八十年代的一束思想之光:〈青年论坛〉纪事》 李明华著

"他超越了其他的名刊主编，尽到了一个历史当事人应尽的责任。" —— 著名学者 丁东

八十年代名刊《青年论坛》汇聚思想精英，深入探讨自由、民主、体制改革；四十年后，主编李明华回忆刊物创办与被迫停刊的历程，反思八十年代思潮发展脉络，揭示官场与社会文化生态的互动。

《鸢飞戾天：一位国军少将的抗战军旅实录》 吴鸢著

一部罕见的由抗战军人亲笔撰写、发自前线的战地报道集。作者吴鸢，1927年投身北伐，1934年加入"国民革命军五大主力"之一的第74军，经历了从淞沪会战到湘西会战的全过程。战火纷飞之中，吴鸢将军（吴鸢的最后军职是第四方面军司令部第一处少将处长）还担任了国际新闻社以及《民国日报》《前线周报》等众多报刊的特约记者，写下和发表了众多战地报道，为抗战史留下极为珍贵的第一手资料。

《尋找塵封的記憶：抗戰時期民國空軍赴美受訓及空難探秘》 李安 著

本書榮獲美國華人圖書館員協會2022年度非虛構類最佳圖書榮譽獎！

為尋找當年投筆從戎、赴美受訓未歸的二叔，李安挖掘出一段塵封的民國空軍歷史……

《申泮文的西南联大》文版、图版　申泮文 著

在西南联大前后近万师生中，申泮文先生是极罕见的经历了从长沙临大、湘黔滇旅行团到昆明联大全过程，并最后押运三校公物北返，为联大划上句号的一位。更为难得的是，他熬过动荡岁月，将丰富、详尽的原始文字和图像记录保存了下来。

申泮文，中科院院士，南开大学化学教授，元素所副所长。

《风吹稻花香两岸：一个外省人的台湾记忆》 黄雅纯 著

作者祖籍广西，生于台湾，后移居美国。她在书中用稻香与美食串起来的，是对两岸亲情的眷念，对为自己遮风挡雨的父辈的感怀，和对当年身处其中而不自知的历史的重新发现。

《尘封的历史：汉学先驱邓嗣禹和他的师友们》 彭靖 著

本书作者彭靖为邓嗣禹的外孙。在本书中，作者以其祖辈在燕京大学、哈佛大学求学与任教历程和学术研究为主线，将邓嗣禹作为一位杰出的历史学家、图书文献学家、语言学家和汉学先驱者，在科举制度研究、中国传统经典英译、清代行政制度研究、鸦片战争研究，以及现代汉语教学等多方面，具有开创性的成就重新展示给读者。

《写在汉学边上》 陈毓贤 著

一生爱中国文化，與漢學家相伴，生活在漢學圈中，陳毓賢戲稱自己是"漢學票友"。本書中，陳毓賢從親身經歷和第一手資料出發，描寫、記錄她所熟識、了解的一流漢學家們，如韓南、司禮義、柯立夫等，和燕京大學教授群。她與眾不同的私人化視角，使我們能從個人生活的角度去了解漢學家們，以及他們所從事的研究。

新书速递

《白天遇见黑暗》 夏榆 著

一位从矿山走出的优秀记者和作家，本书收入夏榆最具代表性的散文随笔。这是他的个人心灵史，也是一部平民精神史。他探测个体精神中的阴暗角落，也深入那些早已沉沦于岁月深渊中的集体记忆，直到域外的奥斯威辛和柏林墙。他寻找黑暗，也寻找光明的源头。在他那里，国家，民族，轮廓分明而又没有限界。他以悲悯，以理性，以对自由的渴望和人道主义的热情，从中发现人类血脉的联结。

《以色列-约旦行：在〈圣经〉故乡探寻古希腊罗马》林炎平著

以色列-约旦地区位于两河文明和埃及文明地理上的结合部；更重要的是，此地区是一系列和亚伯拉罕教（犹太教、基督教和伊斯兰教）有关事件的发生地。
这是一次文化之旅，地理之旅，也是《圣经》之旅，更是探寻古希腊古罗马文明之旅。
作者详尽记录旅行见闻的同时，引领读者于跨越欧亚非、上下五千年的时空中逡巡，对于几种不同的文明及其对后世发展的影响进行别出心裁的分析探讨，常有洞见，引人入胜。